山城博明
Hiroaki Yamashiro

抗う島の
シュプレヒコール

OKINAWAのフェンスから

岩波書店

# 戦後70年
―― 問われる「本土復帰」――

三木　健

　2015年，沖縄は戦後70年を迎えて，歴史のターニングポイントに差し掛かっている．一言でいえば，沖縄の民衆が自分たちのアイデンティティーに目覚め，その確立に向けて歩みだした，ということである．

　2014年に行われた名護市長選挙(1月)，沖縄県知事選挙(11月)，そして衆院選挙(12月)の三つの選挙にそれは象徴的に表れている．三つの選挙は，いずれも普天間米軍基地の移設先の辺野古への建設是非を問う形で行われた．

　名護市長選挙では「辺野古NO」を掲げる現職が圧勝し，知事選挙でも「辺野古NO」の新人が現職に10万票の大差をつけて当選，衆院選挙では四つの小選挙区で「辺野古NO」を掲げた4人が，自民党現職4人を引きずり下ろした．

　全国的に安倍政権の与党の自民・公明が300を超える議席を獲得し，保守化傾向を強めるなかで，自民全員を落選(ただし比例で復活)に追い込むという際立った投票結果を政府与党に突き付けた．これが戦後70年を迎えた沖縄の答えである．

　なぜそのようなことが起きたのか．「辺野古NO」の選挙結果は，過去の積もり積もった政府の基地政策への，沖縄民衆の不満の集約である．単に辺野古だけの問題ではない．

　もう一つ重要なことは，日米両政府から押し付けられた米軍基地をめぐり，住民はいつも対立し，その対立が政府の基地政策に利用されてきたことの愚かさに，沖縄民衆が気づいてきたことだ．「分断して統治せよ」とは，植民地支配の典型的なやり方だが，日本復帰後も「アメとムチ」による植民地的な政治がまかり通ってきたのだ．

　知事選に当選した翁長雄志氏が「イデオロギーよりアイデンティティーを」「誇りある豊かさを」と呼びかけたことに多くの共感者が集まったのは，そのことを示している．戦後70年を迎えて，沖縄はイデオロギーの対立を超えて，アイデンティティーの確立へと動き出したのである．

　「戦後70年」と一口に言うが，沖縄の戦後史は27年間の米軍統治時代と，43年間の日本時代に大別される．これを沖縄風に言えば「アメリカ世」と「ヤマト世」ということになる．しかし，米軍基地に関する限り「アメリカ世」も「ヤマト世」も，なんら変わりはない．

傍若無人に沖縄の空を飛びまわる戦闘機やオスプレイ，日常茶飯事の米兵による事件事故，婦女暴行事件．口を開けば「基地の負担軽減」を公言する政府高官たち．その負担軽減を口実に，新たに辺野古地先の広大な海を埋め立てて基地をつくるという．70年間も基地との共存を余儀なくされてきて，この先また何十年，何百年と基地と共存せよというのか．「いい加減にしてくれ」というのが，沖縄に暮らす私たちの偽らざる率直な気持ちである．

　沖縄の戦後史は，米軍基地の歴史であり，それとの戦いの歴史でもある．そもそも沖縄の米軍基地は，いつから始まったのか．それは「鉄の暴風」とまで言われた1945年の沖縄戦から始まる．兵員18万人，艦船1500隻，航空機を総動員して沖縄の日本軍を壊滅すると，米軍は直ちに日本軍の飛行場を占拠し，本土の攻略基地として使用，8月15日の日本降伏後もそのまま使用した．
　戦後，表面化したアメリカとソ連(当時)の冷戦によって，沖縄基地の重要性が強まり，住民が疎開先から戻らぬうちに，米軍は早くも基地の拡充を始めた．1949年の中国大陸での共産党軍の勝利と新中国の誕生，さらに1950年の朝鮮戦争の勃発で，沖縄基地の恒久的な建設が始まった．疎開先から故郷に戻った人々を銃剣で脅し，住居をブルドーザーで押しつぶして強制接収したのはその頃である．
　アメリカは軍用地の恒久化を狙い，軍用地の一括買い上げを実行しようとした．人々は立ち上がり，一括買い上げ阻止，強制収容反対など「四原則」を掲げて抵抗運動を展開した．沖縄戦後史にその名をとどめた「島ぐるみ闘争」である．
　本来なら戦争終結によって，占領した土地は返還されなければならない．ハーグ陸戦協定にもそのことが明記されている．しかし，アメリカ軍の意識は，沖縄を血を流して獲得した「戦利品」としか見ていない．
　1952年の対日講和条約で米国による占領が終わり，日本は「独立」したが，引き換えに沖縄は同条約第3条で，沖縄島と与論島の間の北緯27度線を境に施政権が分離され，米軍による直接統治が継続される．こうして「基地の島オキナワ」が確定された．日本の「独立」は，沖縄を米国に差し出すことで可能になったのだ．沖縄を抜きにした「独立」は，あくまでもカッコつきの「独立」でしかなかった．日本政府の対米従属構造が，以後の日本の政治や外交を規定していくことになる．

　1960年代になると，米国のベトナム侵略戦争が泥沼に入り，沖縄は出撃基地として最前線に立つ．B52戦略爆撃機が嘉手納基地から渡洋爆撃に向かい，

爆弾の雨を降らせた．沖縄では出撃まえの米軍兵士による事件事故が多発した．1968年には嘉手納基地からベトナムに向かうB52が離陸に失敗して炎上，沖縄中を戦争の恐怖に陥れた．

　1960年代から高まってきた日本復帰運動は，人権擁護や自治権獲得などから，60年代後半には反戦運動へと転換した．基地従業員の「合理化政策」で首切り解雇がはじまり，全沖縄軍労働組合（全軍労）の解雇撤回闘争がそれに拍車をかけた．基地撤去をめぐる「ゼネスト」が構築された．もはや米軍の直接統治は限界に来ていた．

　1970年にコザ市（現沖縄市）で起きた「コザ騒動」は，そのピークを示した事件である．米軍のMPカーや米兵のYナンバーの車（米軍関係車両）が次々にひっくり返され，放火された．我慢の限界点に達した民衆のマグマが爆発したのである．

　1972年5月15日，沖縄の施政権が日本に返還され，沖縄は日本に「復帰」した．もはや施政権を返還しなければ，米軍基地の維持は不可能になっていた．米国の目的は施政権ではなく，軍事基地の安定的な確保である．そこで米国は施政権と引き換えに，基地の継続使用を手にしたのである．当時の琉球政府の屋良朝苗主席や民衆の多くは，基地の全面返還を主張したが，返還されたのは基地全体の18％で，沖縄に貯蔵されていた毒ガスの撤去などを除き，大部分はそのまま継続使用された．

　2015年1月15日に公開された外交文書で，那覇基地を返還する代わりにアメリカは，同基地のP3B対潜哨戒機の嘉手納移駐に伴う財政負担を日本に求めていたことが明らかにされた．まさに今に続く普天間返還の原型がここにある．

　1989年に東西冷戦の象徴であった東西ドイツを分断していたベルリンの壁が崩壊し，西欧には新たな時代が到来したが，「平和の配当」は沖縄には及ばなかった．それのみか1990年代の湾岸戦争や，2010年代のイラク戦争，そして2000年の「テロとの戦い」などで，米軍は沖縄の基地を極東範囲をはるかに超えて使用してきた．

　1995年に沖縄の少女が米兵3人により暴行を受けた事件は，県民に衝撃を与えた．折から軍用地の契約更新期に当たり，時の大田昌秀県知事がこの事件を受けて，行政手続きを拒否して政府と対峙した．事の重大さに気づいた橋本龍太郎首相ら政府首脳は，最も危険な基地としてやり玉に挙げられた普天間基地の返還を米側から取り付けた．しかし，それには代替基地の提供という条件が付いていた．

移設先は初めから沖縄島北部の名護市辺野古崎のキャンプ・シュワブ沖と想定されていた．それはかつて米軍が基地建設を想定していた場所でもある．米軍にとっては願ってもないことだ．その上移設により，老朽化した普天間基地をはるかに上回る機能を持つ基地を手に入れることになる．それも日本政府の膨大な財政でまかなうのだ．歴代内閣はその建設に向けて沖縄県と交渉を重ねてきた．あれから19年の歳月がたつが，新基地建設はいまだに実現していない．

　その間，政府は移設に反対する県や自治体に対して振興資金を凍結して圧力をかける一方，推進派の自治体に対しては，その見返りとして多額の振興資金や交付金を投入してきた．いわゆる「アメとムチ」の政策である．

　そして，2009年に誕生した民主党の鳩山政権が普天間基地の移設について「最低でも県外」と発言したことで，移設についてのハードルが一気に引き上げられた．沖縄側の民意を受けての発言であったが結局，防衛官僚や米高官たち，いわゆる「ジャパン・ハンドラー」たちの「抑止論」に押され，政権そのものが崩壊した．しかし，沖縄側の民意はさらに強固になって，2014年の三つの選挙で「辺野古NO」を突きつけたのである．

　その底流には，米軍基地に対する民衆意識の変化がある．かつて基地は，沖縄経済を支える柱の一つとされてきた．基地，観光，公共事業，の「3K」である．沖縄の経済活動が今ほどではなかった時代には，基地収入は確かに大きなウェイトを占めていた．ちなみに復帰前は県民総所得の15％を占めていた基地収入も，今ではわずか5％にすぎない．

　復帰後に返還された基地の跡地には，商業施設やそれを中核に街づくりが進み，軍用地料をはるかにしのぐ経済効果がもたらされている．雇用面でも基地内に働いていた軍雇用員の何百倍もの雇用効果を生み出している．理屈ではなく可視化された基地の跡利用は，庶民には理解しやすい．2014年の県知事選挙で「辺野古NO」の候補者の応援に回った経済人の一人は，「観光に基地はいらない」と端的に発言していた．

　米軍基地の面積は，沖縄島の18％も占め，離島を含めた全県面積でさえ10％を占めている．嘉手納町に至っては，今なお町面積の80％が嘉手納基地に占有されている．1950年代の基地建設の頃，米軍は地の利のいいところを接収した．それが今，沖縄発展の阻害要因として立ちはだかっているのだ．

　問題は，明確に示された民意をいかにして実現させるかだ．政府は知事選挙後，「粛々として進める」と辺野古移設の方針を変えていない．しかし，沖縄

の将来を決めるのに沖縄を抜きにしてよいわけはない．問われているのは，日本の民主主義そのものである．民意を無視すれば，その見返りは大きい．マグマは抑えれば抑えるほど，いずれ爆発する．すでに沖縄では「自己決定権」の在り様を求めて，新たな動きが出始めている．その意味でも戦後70年は，大きな歴史の曲がり角に差し掛かっている．

　日本復帰後40年余にわたり，沖縄の動きを撮り続けてきた報道写真家・山城博明氏の迫力ある写真の数々は，あらためてそのことを考えさせずにはおかないであろう．

（みき　たけし・ジャーナリスト）

# 目　次

戦後70年──問われる「本土復帰」　三木　健 …………… 3
関連年表（1945年3月〜2014年11月）
地図

## I　フェンスから──基地植民地の実態 …………………… 17

米兵少女暴行事件糾弾県民大会──1995年10月21日 …… 19
相次ぐ米軍戦闘機事故 ………………………………………… 20
沖国大ヘリ墜落事件──2004年8月13日 ………………… 22
教科書検定意見撤回県民大会──2007年9月29日 ……… 30
"世界一危険な基地"普天間，配備されるオスプレイ …… 32
あらたな闘争，辺野古をめぐって …………………………… 39

## II　抗う島──復帰は何をもたらしたのか ………………… 49

復帰前夜，爆発した沖縄の怒り ……………………………… 50
　コザ暴動──1970年12月20日　　50
　毒ガス移送──1971年1月，7〜9月　　56
　全沖縄軍労働組合闘争──1969年〜1970年代　　64
　ゼネスト──1971年5月19日，11月10日　　74

復帰，沖縄処分ふたたび ……………………………………… 81
　日本復帰──1972年5月15日　　81
　いまだ飛来する米軍爆撃機──1972年10月　　95
　CTS闘争──1973〜82年　　104
　不発弾爆発事故──1974年3月2日　　112
　沖縄国際海洋博覧会──1975年7月20日〜76年1月18日　　118
　皇太子夫妻に火炎瓶──1975年7月17日　　121

交通方法変更——1978年7月30日　　124
　　　実弾射撃演習——1973〜97年　　129
　　　パラシュート降下訓練　　132
　　　基地を包囲せよ！　　136
　　　今もなお——ミサイル搬入・戦闘機・軍事演習・枯葉剤　　138

Ⅲ　魂(マブイ)の響き ……………………………………………………………… 145
　　　「集団自決」の傷跡……………………………………………… 146
　　　遺骨収集……………………………………………………… 152

　　あとがき——ファインダーを越えて，フェンスを越えて　　158

# 関連年表

| 年 | 月日 | 出来事 |
|---|---|---|
| 1945年 | 3月26日 | 米軍が慶良間諸島に上陸．「集団自決(強制集団死)」が起きる |
| | 4月 1日 | 米軍が沖縄島に上陸，本格的な地上戦が始まる |
| | 6月23日 | 沖縄での日本軍による組織的戦闘が終了．米軍による占領が始まる |
| | 8月14日 | 日本がポツダム宣言を受諾，連合国軍の占領下となる |
| 1949年 | 5月 | トルーマン米大統領が沖縄の長期保有を正式決定．沖縄での基地建設が本格化 |
| 1950年 | 6月25日 | 朝鮮戦争が始まる |
| 1951年 | 9月 8日 | 対日平和条約と日米安保条約が締結される |
| 1952年 | 4月 1日 | 琉球政府が発足 |
| | 4月28日 | 対日平和条約と日米安保条約が発効，連合国軍による日本本土の占領が終了．沖縄は日本から切り離されアメリカの施政下となる |
| 1953年 | 4月 3日 | 沖縄米民政府が，軍用地の強制収用手続きを定めた土地収用令を公布．島ぐるみ闘争へと発展 |
| 1954年 | 1月 7日 | アイゼンハワー米大統領が沖縄基地無期限保有を宣言 |
| | 7月 1日 | 防衛庁，自衛隊が設立される |
| | 10月 | 沖縄人民党事件で瀬長亀次郎らが米軍に逮捕される |
| 1955年 | 9月 3日 | 米兵が6歳の少女を暴行，殺害(由美子ちゃん事件) |
| 1956年 | 12月18日 | 日本が国際連合に加盟 |
| 1959年 | 4月28日 | 沖縄県祖国復帰協議会が結成される |
| | 6月30日 | 米軍ジェット機が宮森小学校に墜落 |
| 1960年 | 6月23日 | 新日米安保条約と日米地位協定が発効 |
| 1964年 | 10月10～24日 | 東京でオリンピックが開催される |
| 1965年 | 2月 7日 | 米軍がベトナムで北爆開始 |
| | 6月11日 | 米軍によるパラシュート降下訓練中に，落下してきたトレーラーの下敷きになって女子小学生が死亡(隆子ちゃん事件) |
| | 7月29日 | 米軍の戦闘機が初めて嘉手納基地からベトナムへ出撃 |
| | 8月19日 | 佐藤栄作首相が戦後初めて首相として沖縄を訪問 |
| 1967年 | 11月15日 | 佐藤栄作首相・ジョンソン米大統領による共同声明で，「両3年内に」沖縄の返還時期について合意することを発表 |
| 1968年 | 11月10日 | 初の琉球政府主席公選挙で屋良朝苗が当選 |
| | 11月19日 | 嘉手納基地でB52戦略爆撃機が離陸に失敗，爆発炎上 |

| 年 | 月日 | 出来事 |
|---|---|---|
| 1969年 | 11月21日 | 佐藤栄作首相・ニクソン米大統領による共同声明で，沖縄返還が合意される |
| 1970年 | 1月8～9日，19～23日 | 全軍労による解雇撤回闘争での全面ストライキ |
| | 12月20日 | コザ市で反米騒動(コザ暴動) |
| 1971年 | 1月13日 | 米軍が沖縄からの毒ガス撤去(毒ガス移送)を開始(第一次移送．第二次移送は同年7月15日～9月9日) |
| | 5月19日 | 沖縄返還協定粉砕を掲げ，ゼネストが実施される |
| | 6月17日 | 日米両政府が沖縄返還協定に調印 |
| | 8月15日 | ニクソン米大統領がドルと金との交換停止を宣言(ニクソン・ショック) |
| | 10月9日 | 個人所有のドル資産を確認する「ドル確認」が実施される |
| | 11月10日 | 沖縄返還協定反対を掲げ，ゼネストが実施される |
| 1972年 | 5月15日 | 沖縄の施政権が返還され，沖縄県が発足．「沖縄処分」に抗議する県民大会が開催される |
| | 6月25日 | 初めての県知事選挙で屋良朝苗が当選 |
| | 6月30日 | 自衛隊の沖縄への本格移駐が開始される |
| | 10月6日 | 自衛隊の強行配備に反対する県民総決起大会が開催される |
| | 10月26日 | 米軍の主力戦略爆撃機B52が嘉手納基地に飛来 |
| 1973年 | 4月24日 | 米海兵隊が県道104号を封鎖して実弾砲撃演習を実施 |
| | 9月25日 | CTS建設に反対する「金武湾を守る会」が結成される |
| 1974年 | 3月2日 | 那覇市小禄で不発弾が爆発 |
| 1975年 | 2月5日 | CTS建設阻止県民総決起大会が開催される |
| | 4月30日 | ベトナム戦争終結 |
| | 7月17日 | 沖縄を訪問中の皇太子夫妻に火炎瓶が投げつけられる |
| | 7月20日 | 沖縄国際海洋博覧会が開幕(～1976年1月18日) |
| 1978年 | 7月30日 | 交通方法が変更される |
| | 11月27日 | 日米安全保障協議委員会で「日米防衛協力のための指針」(旧ガイドライン)了承．航空自衛隊が初めて日米共同訓練を実施 |
| 1979年 | 7月19日 | 沖縄県，米軍，那覇防衛施設局による基地問題連絡協議会が発足 |
| 1981年 | 9月25日 | 嘉手納基地爆音被害に関し，周辺6市町村住民共闘会議が結成される |
| 1982年 | 2月26日 | 嘉手納基地周辺住民が爆音訴訟を提訴 |
| | 12月12日 | 一坪反戦地主会が結成される |

| 年 | 月日 | 出来事 |
|---|---|---|
| 1983 年 | 10 月 8 日 | 宜野湾市長が県知事に対し，普天間飛行場の移転を要請 |
| 1984 年 | 10 月 14 日 | 米陸軍特殊部隊(グリーンベレー)が沖縄に再配備される |
| 1985 年 | 8 月 28 日 | 文部省が「日の丸」掲揚と「君が代」斉唱の促進を通知 |
| 1987 年 | 6 月 21 日 | 嘉手納基地包囲行動 |
| 1989 年 | 3 月 2 日 | 宜野座村議会が，都市型戦闘訓練施設建設に対する抗議決議を採択 |
| 1991 年 | 1 月 17 日 | 湾岸戦争が始まる |
| 1993 年 | 4 月 23 日 | 沖縄で全国植樹祭が開催され，天皇皇后が初めて沖縄を訪問 |
| 1995 年 | 6 月 23 日 | 糸満市にある平和祈念公園内に「平和の礎」が完成 |
| | 9 月 4 日 | 3 人の米兵が 12 歳の少女を暴行 |
| | 9 月 28 日 | 大田昌秀県知事が，米軍用地強制使用手続きの代理署名を拒否することを県議会で表明 |
| | 10 月 21 日 | 少女暴行事件を糾弾する県民総決起大会が開催される |
| | 12 月 7 日 | 村山富市首相が，大田昌秀県知事を被告とする職務執行命令訴訟を提起 |
| 1996 年 | 4 月 12 日 | 橋本龍太郎首相・モンデール駐日米国大使会談により，普天間基地の返還が合意される |
| | 9 月 8 日 | 米軍基地の整理縮小と日米地位協定見直しの賛否を問う，全国初の県民投票が実施され，賛成が 89％を占める |
| 1997 年 | 9 月 23 日 | 「日米防衛協力のための指針」が改定される(新ガイドライン) |
| 1999 年 | 11 月 22 日 | 稲嶺恵一県知事が，普天間基地の名護市辺野古沿岸域への移転を表明 |
| | 12 月 27 日 | 岸本建男名護市長が移設受け入れを表明 |
| | 12 月 28 日 | 普天間基地の辺野古沿岸域への移転が閣議決定される |
| 2000 年 | 7 月 21～23 日 | 第 26 回主要国首脳会議(サミット)が名護市で開催される |
| 2001 年 | 9 月 11 日 | アメリカで同時多発テロ発生 |
| 2003 年 | 3 月 20 日 | イラク戦争が始まる |
| | 12 月 9 日 | 自衛隊イラク派兵基本計画が閣議決定される |
| 2004 年 | 4 月 19 日 | 那覇防衛施設局が辺野古沖ボーリング調査に着手．反対派市民が座り込みなどで調査阻止活動を展開 |
| | 8 月 13 日 | 米軍ヘリが沖縄国際大学に墜落 |
| 2005 年 | 7 月 19 日 | 都市型戦闘訓練施設での演習強行に対する抗議県民集会が開催される |
| | 10 月 29 日 | 在日米軍再編に関する中間報告が発表され，普天間基地の移転先を，従来の名護市辺野古沖案から同市キャンプ・シュワブ沿岸部に決定 |

| 年 | 月日 | 出来事 |
|---|---|---|
|  | 10月31日 | 稲嶺恵一県知事，岸本建男名護市長がキャンプ・シュワブ沿岸案拒否を表明 |
| 2006年 | 5月1日 | 在日米軍再編に関する最終報告で，日米両政府は普天間基地移転について，2本のV字型滑走路を建設するキャンプ・シュワブ新沿岸案で基本合意 |
|  | 10月11日 | パトリオット・ミサイルが配備に向けて嘉手納基地に搬送される |
| 2007年 | 9月29日 | 教科書検定意見撤回を求める県民大会が開催される |
| 2009年 | 9月16日 | 普天間基地の移設先を「最低でも県外」とする民主党が衆議院選挙に勝利，鳩山由紀夫を首相として民主党連立政権が成立 |
| 2010年 | 1月24日 | 名護市長選挙で辺野古への移設反対を掲げる稲嶺進が当選 |
|  | 4月25日 | 普天間基地の県内移設に反対する県民大会が開催される |
|  | 5月28日 | 日米両政府が，普天間基地の移転先を辺野古とする共同声明を発表 |
|  | 9月7日 | 尖閣諸島沖で中国漁船と海上保安本部の巡視船が衝突 |
| 2011年 | 4月22日 | 沖縄戦中の「集団自決（強制集団死）」の軍命をめぐる作家の大江健三郎と岩波書店を訴えた裁判で，最高裁が出版差し止めなどの原告側の請求を棄却 |
| 2012年 | 9月9日 | オスプレイ配備に反対する県民大会が開催される |
|  | 10月1日 | オスプレイが普天間基地に強行配備される |
| 2013年 | 1月27，28日 | 普天間基地の県内移設断念とオスプレイ配備撤回を求めて，県民大会実行委員会をはじめ県内全41市町村長らが東京で，集会やパレードなどの東京行動を実施 |
|  | 11月25日 | 県外移設を掲げて当選した沖縄県関連の自民党国会議員5氏が辺野古への移設を容認 |
|  | 12月27日 | 県外移設を公約していた仲井真弘多県知事が，辺野古移設に向けた政府の埋め立て申請を承認 |
| 2014年 | 8月18日 | 沖縄防衛局がキャンプ・シュワブ沿岸でボーリング調査を開始．反対派市民が海上やキャンプのゲート前で抗議活動を展開 |
|  | 11月16日 | 県知事選挙で辺野古移設反対を掲げた翁長雄志が当選 |

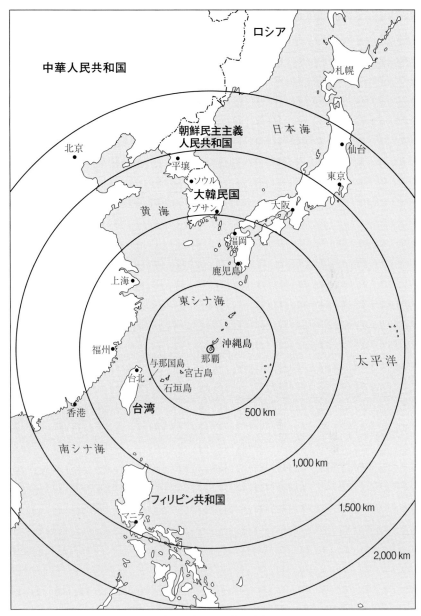

"太平洋の要石"，沖縄

沖縄島の米軍基地

沖縄島の市町村

琉球諸島を主とする沖縄県と日本本土

# I
# フェンスから
## 基地植民地の実態

「ゾウの檻」と呼ばれた楚辺通信所(1997年11月1日)

読谷村にあった米軍の軍事通信用施設．施設の土地は，日本政府が地元地主から賃借して米軍に提供していた．1996年3月にこの土地賃貸借期間が終了すると，地主たちは土地の即時返還を求めたため，4月以降，日本政府による不法占拠の状態が続いた．その後，同施設は米軍キャンプ・ハンセン内に移設が決まり，2006年12月末に返還，直径200メートル，高さ28メートルのゲージ型アンテナ設備も続いて撤去された．

1995年，20万人とも言われる犠牲者を出した凄絶な沖縄戦の終結50年となる年，沖縄戦終結の日とされる「慰霊の日」6月23日に建立された「平和の礎」．糸満市の平和祈念公園内に建てられたこの記念碑は，国籍や軍人，民間人の区別なく，沖縄戦などで命を落としたすべての人の氏名を刻んでいる．
　戦没者をわけへだてなく追悼し，「今日，平和の享受できる幸せと平和の尊さを再確認し，世界の恒久平和を祈念する」ための場．人々の祈りと願いが結実した刻銘碑の建立は，平和を基礎として一歩を踏み出そうという，戦争から50年を経て到達した人類の知恵の一つの現われであった．
　しかし，その思いは踏みにじられた．
　「平和の礎」が建立された同じ夏，12歳の少女が3人の米兵に暴行される事件が起きた．容疑者たちの身柄が沖縄の警察に引き渡されることはなかった．まただ．県民は激怒した．自分たちの島なのに，自分たちの法律が適用されず，泣き寝入りをさせられ，また同じような犯罪が繰り返される．
　基地の存在がもたらす理不尽な仕打ちは，米兵による犯罪だけではない．市街地のど真ん中に置かれた基地周辺では，部品や機体そのものの落下など，米軍機による事故が頻繁に起こる．2004年には大学構内に米軍ヘリが墜落，炎上した．2012年からは機体そのものが"欠陥機"と言われるオスプレイまでが，沖縄の空を飛ぶようになった．
　この"世界一危険な基地"の撤去を求めると，移設する代わりに別の新基地を，やっぱり沖縄につくるという．まだ，基地と暮らせと言うのか．どうして沖縄だけなのか？　県外移設はできないのか？　本土と沖縄の違いは何か？　本当に基地は必要なのか？　沖縄は差別されているのではないか？
　あの地元住民を巻き込んだ沖縄戦を経験した沖縄だからこそ，戦争を，そして戦争のための施設である基地を憎んでいるというのに．歴史の事実を正しく伝え，平和への祈りを継承しようとしているのに．本土の人々同様に，普通の日常をどうして沖縄の人々は送ることができないのか．
　沖縄は，アジア・太平洋戦争では本土の捨て石とされ，戦後27年にわたって米軍施政下に置かれたのち，1972年に日本復帰を果たした．しかし，現在に至るまで，国土の0.6%にすぎないこの土地には全在日米軍基地の74%が集中している．復帰前に沖縄の人々が求め夢描いた"本土並み"とは，この姿だっただろうか．変わらぬ在沖米軍基地の現状に，人々は集い，抗い，「沖縄を返せ」のシュプレヒコールをあげ続けてきた．いつも，いつも，いつも，いまも．
　基地と同居し，基地に支配され，基地に妨害され，基地に耐え，基地に蹂躙される．この基地植民地ともいえる沖縄の実態は，しかし，敗戦国日本の実態である．日本が戦後ずっと抱えつづける多種多様な問題群のひずみは沖縄に表出している．この現実を直視することなく戦後70年を語ろうとするのは欺瞞にすぎない．虐げられているのは沖縄だけではない．日本人のあなたでもあるのだ．

## 米兵少女暴行事件糾弾県民大会──1995年10月21日

　1995年9月4日，買い物帰りの12歳の少女が，在沖米海兵隊員3人によって暴行されるという痛ましい事件が起きた．この事件では，日米両政府間で結ばれている日米地位協定をもとに，容疑者である兵士3人の身柄の引渡しがなされず，沖縄県警は犯人を逮捕することができなかった．

　それまでも米軍がらみの性犯罪や凶悪犯罪に苦しみ，同協定による理不尽な措置に泣き寝入りを強いられてきた県民の怒りがこの事件をきっかけに爆発，「米軍人による少女暴行事件を糾弾し日米地位協定の見直しを要求する沖縄県民総決起大会」が開催される事態に発展した．大会には8万5000人余の県民が参加し，1956年土地闘争以来40年ぶりの超党派（オール沖縄）の行動となって，2014年に再燃した島ぐるみの「普天間(ふてんま)基地返還要求」の原点となった．

　大会では，(1)米軍人の綱紀粛正と軍人・軍属による犯罪の根絶，(2)被害者に対する謝罪と完全な補償，(3)日米地位協定の早急な見直し，(4)米軍基地の整理縮小の促進，を求める抗議決議が採決された．しかし，2000年代に入ってからも，未遂や表面化しないケースを含め，米軍による同様の犯罪は後を絶たない．

# 相次ぐ米軍戦闘機事故

　基地に発着する米軍機による事故は，部品や装備品の落下をはじめ，機体自体の墜落など，枚挙にいとまない．日本復帰前に発生した大きな墜落事故に，宮森小学校墜落事故がある．1959年6月30日，米軍嘉手納基地を飛び立った米軍ジェット機が石川市(現うるま市)の宮森小学校に墜落し，18人が犠牲となった．そして，復帰後も，基地の存続は変わらず，米軍機による事故も頻発，オスプレイ配備にいたる現在も含め，県民は危険と隣り合わせの生活を強いられている．

炎上して黒焦げになったF15戦闘機(1994年4月4日)

　米空軍嘉手納基地所属のF15戦闘機が，離陸した直後に沖縄市白川の嘉手納弾薬庫地区内の黙認耕作地(米軍基地敷地内で，地権者によって耕作されている土地．日米地位協定においては土地の不法使用にあたる)に墜落し，大破炎上した．住宅地からわずか1.5キロの地点で，現場の近くでは住民が農作業をしていたが，幸いけが人は出なかった．

　(右頁下)この事故では，緊急着陸の状態で緊急停止用のワイヤを使って着陸する時にタイヤがパンクし，F15戦闘機は滑走路を外れて緑地帯に停止した．同基地の滑走路上空でフレア(照明弾)の誤射事故が発生したばかりだった．老朽化による安全性への懸念が示唆されているF15戦闘機は，たびたびトラブルや事故を起こしている．

報道陣に公開された，空中接触事故を起こしたF15戦闘機（2004年10月4日）

　米国アラスカ州エレメンドルフ空軍基地所属のF15戦闘機2機が，沖縄島南方上空で空中接触事故を起こし，嘉手納飛行場に緊急着陸した．およそ2カ月前の8月13日には，沖縄国際大学にヘリが墜落したばかりのことだった．

左翼を地面に接したF15戦闘機（2006年5月2日，嘉手納基地）

# 沖国大ヘリ墜落事件——2004年8月13日

　2004年8月13日午後2時15分頃，米軍普天間飛行場を離陸した訓練中のCH53D大型輸送ヘリ1機が，飛行場に隣接する沖縄国際大学(宜野湾市)本館ビルに激突，大学構内で爆発炎上した．基地外住宅地域での米軍機墜落事故は，日本復帰後初であった．教育施設への墜落は，1959年6月30日に発生した，うるま市の宮森小学校での戦闘機墜落事件以来2回目．夏休み期間であったことが幸いしたのか，奇跡的にけが人は出なかった．
　普天間飛行場の即時返還，同飛行場移設先とされる名護市辺野古（へのこ）での新基地施設建設に反対する県民世論が高まる契機となった．

ヘリ墜落直後の沖国大の現場(2004年8月13日)

　ヘリが激突，炎上した本館ビルの階段付近は焼けただれ，大学構内の広範囲にヘリの部品が飛び散った．この事故で，学長室のコンクリート壁も突き破られた．周辺の住宅街にも被害はおよび，ある住宅の乳児の寝室の壁を破片が貫通した．現場を目撃した住民は，基地と隣接して暮らす恐ろしさを実感した．

墜落直後のヘリ機体のエンジン部分（同日）

　墜落から約1時間半後に現場に着いた時は，原型を留めない機体の残骸から白煙が上り，消防隊員が消火活動を行っている最中だった．現場への立ち入り取材は海兵隊員に阻止されて，近づくことは不可能だった．この写真は，隣接する住宅街の高台から望遠レンズで撮影した．

　ヘリの破損部品や破片が住宅街に飛散した．駐車中のバイクや乗用車をローター（回転翼）がなぎ倒し，一部は家屋の壁を突き破った．奇跡的に民間人にけが人は出なかった．残骸が飛散した住宅街の現場には，海兵隊員が駆けつけて，現場保存に躍気となっていた．彼らは住宅街のなかの現場にテープを張り巡らして，市民を排除した．

ヘリのローターが落下した住宅街，墜落直後（同日）

ヘリの残骸を処理する海兵隊員は防護服に身を包み，防毒マスクをしていた．事故処理はずさんで，ヘリ部品に含まれる放射性物質（ストロンチウム）の飛散事実は隠匿され，密かに処理された．

墜落したヘリの残骸を撤去する米海兵隊員（同月16日）

墜落現場となった大学構内に散乱する墜落ヘリの残骸(同月15日)

　現場保存をしていた海兵隊員の隙を突いて押したシャッターの一コマ．撮影が見つかって捕まりそうになったが，宜野湾署員の助けもあって，その場から一目散に去った．

ヘリ墜落事件で焼け焦げた沖国大1号館の壁(同年10月4日)

　ヘリ墜落から51日経った後も，黒い帯状に大きく焼け焦げた壁は生々しく事件を語っていた．手前の黒焦げになった樹はその後，根元から新しい命の芽を出した．事件を象徴していたこの建物は解体され，今はない．まるで，ヘリ墜落事件の事実がもみ消され，忘れ去られようとしているかのようだ．

　(右頁上)ヘリ墜落抗議市民大会後，多くの市民・学生が現場を訪れ，米軍への怒りと基地と隣接して暮らす不安を再認識．「即時，米軍普天間基地撤去」の思いを深めた．

ヘリ墜落現場を訪れる市民や学生たち（同年9月12日）

米軍ヘリ墜落に抗議し，普天間飛行場の早期返還を求める宜野湾市民大会（同日）

　　ヘリ墜落から1カ月後に開かれた抗議市民大会には，予想されていた1万人を超える約3万人が参加．事故原因の究明と被害への完全補償，米軍機の民間地上空での飛行中止，ヘリ基地としての運用中止，普天間飛行場の早期返還，辺野古沖移設の再考や日米地位協定の抜本的見直しなど6項目を要求する市民大会決議を採択した．

## 教科書検定意見撤回県民大会──2007年9月29日

　文部科学省の高校歴史教科書検定で，沖縄戦における「集団自決」の日本軍による強制についての記述が削除・修正された問題に抗議して開催された県民大会は，日本復帰後最大の抗議集会となった。「歴史の改ざんや歪曲は決して許してはならない」という県民の総意の下，宜野湾海浜公園で行われた集会には，宮古，八重山での大会に参加した5市町村長を除く全36市町村長が参加，県民11万6000人が結集した。

## "世界一危険な基地"普天間,配備されるオスプレイ

　沖縄島中部・宜野湾市の中央台地に位置する在沖米海兵隊の中核基地.普天間基地の面積は市の面積の約25%を占める.95,116人(2014年12月現在)の市民が暮らす市街地上空を,同基地に発着する米軍機が絶え間なく飛行する.2004年8月13日,基地に隣接する沖縄国際大学構内に大型輸送ヘリCH53Dが墜落,"世界一危険な基地"を実証した.
　普天間飛行場をめぐっては,1995年9月に起きた米兵少女暴行事件による県民の米軍基地縮小・返還要求の高まりに端を発し,翌96年4月,日米両政府は同飛行場の返還について合意.1999年11月に同飛行場代替施設を名護市辺野古沿岸に決定した.その後,2004年の米軍ヘリ墜落事件が発生,県民の反基地感情が再燃するなか,09年に民主党政権が発足すると,鳩山由紀夫首相は普天間の県外移設を表明.これを受けて翌2010年2月,県議会は普天間飛行場の国外・県外移設を求める意見書を可決,4月に開催された普天間の早期閉鎖・返還を求める県民大会には9万人が集まった.しかし,5月には一転して政府は県外移設を撤回,普天間飛行場の移設先を辺野古とする日米共同声明を採択した.
　現在,日米両政府は辺野古への移設を強行しているが,県民のほとんどが県外移設を望んでいる.

空から見た米軍普天間飛行場(2002年10月28日)

**オスプレイ追加配備（2013 年 8 月 12 日）**

　垂直離着が可能な米海兵隊の次期主力兵員輸送機である MV22 オスプレイは，開発当時から重大事故が多く，米国では「未亡人製造機」「空飛ぶ棺桶」などと呼ばれている．沖縄には 2012 年 10 月から，CH46 ヘリの代替機として 12 機が配備された．さらに 2013 年，在沖米海兵隊は，同年 8 月 5 日に発生した HH60 救難ヘリのキャンプ・ハンセン内墜落事件で一時中断していた MV22 オスプレイの追加配備を強行．すでに配備済みの 12 機と合わせて，予定されていた全 24 機が普天間飛行場に配備されることになった．

整備中のオスプレイ（2012年12月3日）　　　"空飛ぶ棺桶"オスプレイ（同日）

　配備反対の県民の声をよそに，のんびり整備作業を行う海兵隊員．基地フェンスの外から超望遠レンズで撮影した．普天間飛行場でオスプレイを整備する兵士の中には，数人の女性整備士もいた．

　第一陣12機が配備された後に撮影した．普天間に配備されたオスプレイの仕様はMV22で海兵隊所属機．蟹がハサミを閉じたように不気味な格好だ．

自衛隊は2015年度にオスプレイ17機を購入,佐賀空港への配備を予定している.

普天間飛行場に駐機中のオスプレイ群(2014年1月23日)

配備反対を叫ぶ住民たちの上空を通過するオスプレイ(2012年10月2日)

園児たちの上空を飛行するオスプレイ(同年 11 月 19 日)

　オスプレイ配備から約 1 カ月．保育園の庭で遊ぶ園児たちは，見慣れぬ飛行物体と初めて聞く騒音で空を見上げるようになった．園長から撮影許可を得たが，子供たちの表情を撮影することは断られた．

　(左頁)住民たちは普天間飛行場が見渡せる丘の上にいた．初めて見るオスプレイの姿に唖然とし，「出ていけ！」の声も機体による騒音でかき消された．"世界一危険な基地"は，オスプレイ配備により一層危険度を増した．

"欠陥機"であるオスプレイの県内配備を許さない沖縄の民意を発信するため，宜野湾海浜公園に，一般県民や労働組合，経済界など県内外から10万3000人が結集，最大規模の県民大会が開催された．10月の本格運用開始を強行しようとする日米両政府に，党派を超えて反対の意志を示す歴史的大会となった．大会では，オスプレイ配備計画の撤回と普天間飛行場の閉鎖・撤去を要求する決議を採択．強固な民意を背景に，野田佳彦首相らにオスプレイ配備撤回を求めた．

オスプレイ配備に反対する沖縄県民大会(同年9月9日．写真上段は会場舞台，下段は大会参加者たち)

# あらたな闘争，辺野古をめぐって

　1999 年，普天間飛行場の移設先が名護市辺野古沿岸域に決定．2004 年，移設にともなう埋め立て工事に向け，沖縄防衛局は辺野古沖で海底ボーリング(掘削)調査を実施しようとしたが，基地建設に反対する住民たちの激しい抗議活動によって，翌 05 年中止に追い込まれた．その 10 年後となる 2014 年，また辺野古に緊迫した状況が押し寄せている．

普天間飛行場移設が予定される名護市辺野古(2006 年 10 月 28 日)

　エメラルドグリーンに輝く辺野古海域．2011 年 9 月から 13 年 1 月の期間，沖縄防衛局が航空機を使ってジュゴンの生息状況を調査した．その調査期間 35 日間のうち 29 日間にわたって，辺野古北東部(写真右の海域)において，環境省や国際自然保護連合(IUCN)の絶滅危惧種に指定されているジュゴン，アカウミガメなどの生息が確認された．

辺野古沖で海面からジャンプするジュゴン(2000年11月8日)

　名護市の大浦湾と嘉陽沖でよくジュゴンを見かける．これまでの空撮で延べ4日間，ジュゴンを観察，撮影した．この撮影では，呼吸するために海面に浮上する姿を狙っていた時，突然，ジュゴンが海面からジャンプした．繁殖期に見られる行動だという．辺野古沖一帯で繁殖していると思われるが，生息数は10頭未満と少ない．親子連れで遊泳する姿も目撃，撮影されている．

海底ボーリング調査に対する市民の阻止行動(2005年4月21日．ヘリからの撮影)

　那覇防衛施設局によるボーリング調査開始に対し，基地建設に反対する市民団体が，海上の単管(鉄パイプ)足場設置所を占拠，足場設置作業を阻止した．反対派市民は連日，海上での阻止行動を展開，緊迫した状況が続いた．

辺野古新基地建設反対座り込み闘争10周年(2014年4月19日)

　新基地建設に反対する人々が継続してきた辺野古での座り込み闘争が10周年を迎え，辺野古の浜と海で，集会と海上パレードが行われた．海上パレードに参加した漁船やカヌーは，埋め立てが計画されている沖合まで航行し，自然豊かな辺野古の海を守る意思を示した．

闘争10周年に際して,新基地阻止を祈願する市民たち(同日)

　集会と海上パレードが始まる前,常に座り込み闘争の前線に立ってきたヘリ基地反対協議会共同代表の安次富浩さん(左)は,「辺野古の海を守りたい」という思いを胸に,辺野古住民とともに海に向かって手を合わせた.

上陸演習に向かう米海兵隊上陸用ボート(同年7月1日,金武町東沖)

　名護市辺野古のキャンプ・シュワブの空撮取材を終えて南下途中に遭遇した．当時,金武町のブルービーチで海兵隊が上陸演習を実施中だった．白波を立てて猛スピードで突進する上陸用ボートには防弾チョッキを着た海兵隊員5〜6人が乗り込み,寝そべりながら海水に足をつける兵隊もいた．辺野古埋め立て工事の着手準備の時期だった．

　(右頁)市民らの抗議行動で掘削作業が中止した2004年4月以来となる,沖縄防衛局による海底ボーリング調査が2014年8月に開始された．新基地建設に反対する市民と支援団体による海上抗議行動,基地ゲート前での抗議活動が続く．

辺野古沿岸部ボーリング調査開始(同年8月17日)

キャンプ・シュワブのゲート前での攻防
(同月4日)

ボーリング調査の資材を搬入する車両に向かって「辺野古埋め立て反対！」を叫ぶ市民団体(同日)

　沖縄防衛局は海底ボーリング調査に着手するため，辺野古の米軍海兵隊キャンプ・シュワブ内へ関連資材を運び込むなど作業を活発化させた．新基地建設に反対する市民たちは，基地の第1ゲート前で資材搬入車両の阻止を試みるが，警備員に阻まれる．

　活発化する資材搬入に対抗し，市民団体も連日抗議行動を行っている．現在も，ゲート横の空き地にテントを張り，連日連夜にわたって基地建設反対闘争を続けている．

　(右頁下)「止めよう新基地建設！　みんなで行こう，辺野古へ」をスローガンとして開催された県民集会に，約3600人が参加．7月1日に米軍基地内で基地移設作業が始まって以降，最大規模の県民集会となった．

キャンプ・シュワブのゲート前で行われた新基地建設反対県民集会(同月23日)

オール沖縄の勝利となった県知事・那覇市長選(同年11月16日)

　県知事選挙では、普天間飛行場の辺野古移設が最大の争点となった。2013年12月末に辺野古埋め立てを承認した仲井真弘多現職知事を、保革共闘「オール沖縄」をスローガンとした翁長雄志氏(中央)が、およそ10万票の大差で破って当選。同日選挙となった那覇市長選では、翁長氏とのセット戦術で選挙戦に臨んだ城間幹子氏(左から3人目)が、仲井真氏と組んで立候補した元副知事の与世田兼稔氏に勝利。初の女性那覇市長誕生となった。

移設反対派市民によるカヌー隊と、その行く手を阻む海上保安庁(2015年1月27日)

　2014年11月の選挙で圧倒的勝利をもって翁長雄志新県知事を誕生させたのは、「辺野古移設NO!」を示した沖縄県の民意だった。しかし、安倍晋三首相はじめ、沖縄基地負担軽減担当でもある菅義偉内閣官房長官らは、再三面会を求め上京する翁長県知事を拒否、「辺野古移設について粛々と進めていく」としている。辺野古沖では、ボーリング調査に反対する市民らに対し、海上保安庁などが恫喝、馬乗り、羽交い絞めなどの過剰警備に及んでいる。

# II
# 抗う島
## 復帰は何をもたらしたのか

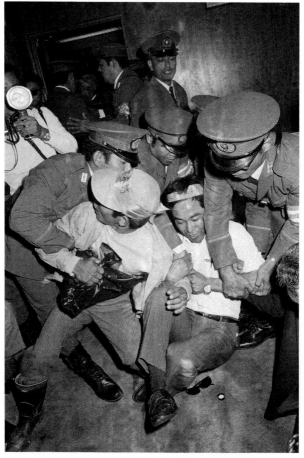

CTS闘争で座り込み中の市民を排除する県警(1973年11月9日)

公権力によって市民が排除される姿は，今も沖縄の各所で見られる．

# 復帰前夜，爆発した沖縄の怒り

鬱屈する怒り．沖縄戦の後，"戦利品"として土地を接収され，住むところも生活の糧を得るところも奪われた占領下の27年．少女が暴行・惨殺され，ジェット機が小学校に墜落し，中学生がトラックに轢かれ，しかし罪を問われることのない米兵．これも自分たちの法律を持たないための艱難辛苦だった．"祖国に復帰"すれば，本土と同様，基地はなくなり，日本国憲法下，「主権在民，基本的人権の尊重，平和主義」が与えられる——沖縄の人々が求めていたのはこの"本土並み"だった．

## コザ暴動——1970年12月20日

1970年12月20日未明，コザ市(現沖縄市)で米車両と県民との人身事故に端を発し，糸満町(現糸満市)の女性が飲酒した米兵にひき殺された事件で被告米兵が無罪となったことなどに不満を募らせていた住民が米憲兵隊(MP)と対立．5,000人に膨れ上がった群衆は外国人車両に投石や放火をした．73台以上の米軍人と軍属関係車両が焼き討ちされ26人が負傷した．沖縄戦後史の中で，25年間に及ぶ差別と人権無視の米軍支配に不満を爆発させた最大の騒動である．

　ラジオの臨時ニュースを聴いて友人と現場へ急行した．前日，毒ガス撤去嘉手納村民大会を撮影してコザ市内の友人宅に泊まりこんでいたのが幸運だった．しかし，騒動に気づくのが遅く，現場は火がおさまった後だった．当時はまだ拳銃の携帯を許されていなかった琉球警察官が現場検証をしていた．

　現場周辺からは，煙と焦げた臭い，油が燃えた臭いが充満していた．米軍関係車両はひっくり返されて無残な姿をさらけ出していた．県民の怒りを眼のあたりにして，米軍基地のない宮古島から出てきた田舎者の私は「沖縄の人々はすごいことをするもんだ」と痛感した．

　焼かれた車両は外車ばかりで,「アメリカー」の車と一目でわかった．写真の車両も高級車で,米軍関係車両のナンバープレートが焼けただれている．騒動鎮圧に駆け付けたMPの車両も焼かれていた．

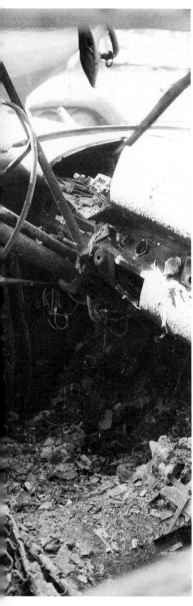

　不思議に思ったのは，重い車両をどのようにひっくり返したのかということだった．道路に横たわる73台以上のうち一割が，車体の腹を見せていた．当然の推測だが，ひっくり返された後，火を放たれたのだろう．

　外見はさほど焼けていない車両も，内部は跡形もなく焼け落ちていた．運転していた外国人が逃げまどったであろう様を髣髴とさせる．後の取材で知ったが，一部の民衆が，ガソリンスタンドからガソリンを運び，車両に向かって投げつけたという．

コザ市内で号外を読む市民. 暴動の起きた早朝, 県内新聞社は号外を刷った. 出勤途中のサラリーマンや, ラジオの臨時ニュースを聴いて現場に駆け付けた人々は, 号外を読んであらためて重大な事件であることを認識した.

　焼け落ちた車両の横を，早朝の野球練習に向かうコザ市内の少年．少年の表情がこれらの風景を当たり前のように，現場を平然と通りぬけてゆく姿が印象的だった．基地の町で生まれ育った子供たちが，基地被害と人種差別に抗議する大人たちの姿を当然のことと考えているように映った．

## 毒ガス移送——1971年1月, 7〜9月

　1969年7月18日付け米紙ウォールストリート・ジャーナルの報道により, 沖縄に毒ガス兵器が貯蔵されていることが発覚した. 県民は, 毒ガスを即時撤去するよう求める闘争を展開. 琉球立法院(現在の県議会にあたる)と県内各市町村議会によって, 毒ガス兵器撤去を要求する決議が採択されたほか, 県民大会などの抗議行動が相次いで行われた.

　アメリカ政府は毒ガスの貯蔵と漏出があったことを認め, 沖縄からの撤去を決定. 毒ガスを移送する計画は「レッドハット作戦」と呼ばれ, 1971年1月13日に第一次移送, 7月15日〜9月9日(56日間)に第二次移送が実施された. 第一次移送では150トン, 第二次移送では12,800トンの毒ガスが, 北太平洋にあるアメリカ領ジョンストン島へ撤去. 移送経費の一部は日本政府が負担した.

　毒ガスの恐怖に脅かされた移送経路にあたる沿道の住民は, 移送期間中, 沖縄北部の公民館や学校に避難, 不自由な生活を強いられた.

危険物搭載を示すプレートを付けて走る毒ガス移送車両(1971年1月13日)

第一次毒ガス移送(同日)

　毒ガス移送トレーラーには，ガス漏れに敏感なウサギが積み込まれていた．車体前方と横に，「毒性物」「爆発物」と英語と日本語で書かれたプレートが付けられて目立っていた．移送経路には報道関係者，市町村職員，警備関係者以外に人影はなく，黒く巨大な毒ガス車だけが轟音を響かせて通過する光景は異様だった．

　1970年12月に毒ガス移送経路が発表されると，その経路にあたる地域の住民たちは「移送阻止」も辞さぬ構えで経路変更を求める運動を行った．

第二次移送の前日に開催された労働者の生命と生活を守る総決起大会(同年7月14日，浦添市城間)

第一次毒ガス移送(同年8月13日)

　毒ガス移送にあたり，移送経路沿道の住民は避難した．第一次移送は美里村(現沖縄市)の知花弾薬庫(現嘉手納弾薬庫地区内)から具志川市(現うるま市)の軍港天顔桟橋へのルートをとった．沿道住民約5,000人が居住地域の北にあたる恩納村や宜野座村の公民館や学校に避難，移送経路近くの86小中高校も臨時休校した．

　撮影した場所は知花弾薬庫近くの美里村池原付近．写真の民家の住民は避難している．

積み出し港の天顔桟橋へ向かう毒ガス移送車(同日)

　知花弾薬庫から市街地を抜けて,東海岸線までの11.2キロの移送コース.第一次移送が終了した後に会見した屋良 朝 苗 主席(アメリカ支配下における琉球政府行政主席.屋良は第5代)は,「今後の移送は住宅地,学校側の通過を避けて基地内通過」することを米軍へ要請した.

毒ガス移送の積み出し港となった天顔桟橋(同日)

　午前10時と正午の2回に分けて知花弾薬庫を出発した毒ガス移送トレーラー合計9台は，マスタードガス150トンを，写真右上方に見られる米海軍輸送船レテナ・ジェームス・E・ロビンソン号まで運んだ．翌14日，同号はジョンストン島へ向けて出港した．

厳重な警備下で行われた毒ガス移送(同日)

移送経路の沿道には，カービン銃で武装した米軍とMP，さらに各警察署から動員された625人の琉球警察官が警備と交通規制についた．全住民が避難してまるで"死の街"のような気配となった住宅地域は，琉球警察官がパトロールした．

トラックで避難する毒ガス移送経路の沿道住民(同13日)

　住民たちは観光バスなどを使って集団で避難したが，バスだけでは足らず，トラックやピックアップ車も使われた。「25年前に防空壕に避難したことを思い出す」という大人たち。泣き出す子供もいたが，車に乗ると，無邪気な子供たちは遠足気分だった。

宜野座村漢那公民館に避難した住民たち(同日)

午前7時すぎから避難は始まった．住民たちは，沖縄島北部の名護市，恩納村，宜野座村などの公民館や学校に避難した．第二次移送の時も同様の避難が56日間に及び，沿道住民は不安の渦中に，不便な日常生活を強いられた．

# 全沖縄軍労働組合闘争――1969年～70年代

　全沖縄軍労働組合(全軍労)結成は1960年代，米軍占領下における基地労働者の劣悪な労働条件の改善要求を出発点とする．

　1969年11月の「佐藤・ニクソン共同声明」(佐藤栄作首相，リチャード・ニクソン大統領)によって沖縄返還が合意された約1週間後の12月4日，米軍は基地労働者2,400人の大量首切りを発表した．財政悪化を背景とする経費削減のための人員整理であった．その後1972年の日本復帰までの間に約7,000人が解雇され，全軍労は「解雇撤回　基地撤去(首を切るなら基地を返せ)」の闘争を展開，基地ゲートを封鎖して48時間ストライキなどを敢行した．

　こうした闘争は次第にベトナム出撃基地反対運動(「反戦復帰」運動．ベトナム戦争への米軍出撃基地として沖縄が戦争へ加担することに対する反対運動)とも連動するようになって，全軍労は1970年代の「沖縄闘争」を牽引する組織となった．

1月8〜9日の第一波48時間全面スト，19〜23日(5日間)の第二波120時間全面ストは，全軍労闘争史の中でも歴史的なものとなった．このストライキを契機に全軍労闘争はより先鋭化，反戦復帰闘争の起爆剤となった．

キャンプ・フォスター(キャンプ瑞慶覧)前の軍道24号(現国道330号)を埋め尽くす全軍労のデモ隊(1970年1月)

浦添市の米軍牧港 補給基地内の労働者(1972年10月)

　同基地内にはトイレットペーパーからスーパーコンピューターまでが揃っていた．撮影時に案内された部署は，軍用車両の修理部門．航空機の格納庫のような広さだった．修理された車両などは，嘉手納基地や那覇軍港から世界各地の米軍基地へ輸送されていった．

全軍労のデモ行進をさえぎるカービン銃(同日，嘉手納基地ゲート)

基地から全軍労ストをにらむ米兵(1971年2月11日,嘉手納基地ゲート)

　　全軍労は全面ストライキの時,県内105カ所の基地ゲートをピケで封鎖.米軍はカービン銃や棍棒で完全武装して,労働組合員や支援団体を手荒に排除,多数のけが人が出た.基地内にカメラを向けることは禁じられていたが,全軍労ストの時だけはシャッターを押すことができた.

　　(左頁下)過激な闘争ぶりで知られた全軍労牧港青年部や学生支援団体は,米軍のカービン銃にもひるまず,基地ゲート前でのデモ行進を繰り返した.ゲート前だけでなく,基地内でのデモ行進を敢行したときもある.現在の無抵抗の闘争とは全く違っていた.

全軍労の前に立ちはだかるカービン銃の列(同日)

　基地の朝は早い．全軍労闘争も泊まり込みや徹夜が続いた．1971年2月の第一波ストは，吹きすさぶ寒風と雨が重くのしかかり，不気味な銃口が光っていたことを思い出す．

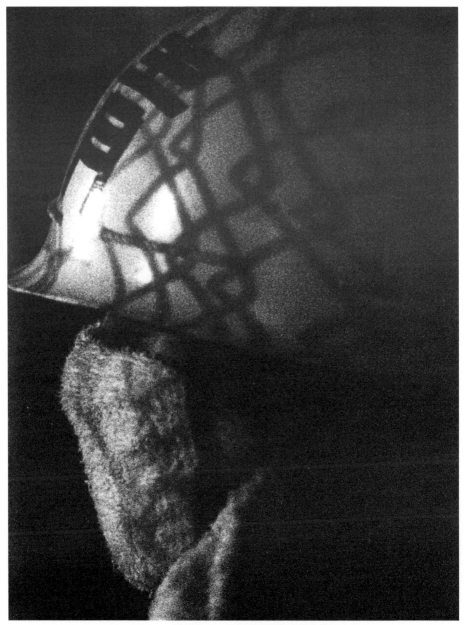

フェンスから基地を見つめる全軍労の青年(1971年1月)

　私と同世代の若き労働組合員だった．大量解雇の中の一人である．「私はボロ切れではない．解雇は死の宣告を受けたのも同然」．怒りと悲痛な叫びが聞こえた．

集会の先頭に立つ全軍労牧港青年部（同月）

　牧港青年部はいつも先頭にいた．基地ゲートでピケを張り，米軍の基地内出入りをチェック，ゲートを封鎖した．怒った米軍は強制排除の手段に出て，けが人や逮捕者が続出した．大荒れのストライキが続いた．

ストライキ決起集会での全軍労委員長・上原康助

　上原康助(こうすけ)(1932〜).1963年全軍労を結成し,初代委員長となった.米軍による基地労働者大量解雇撤回闘争,基地撤去闘争,自衛隊配備反対闘争などで中心的役割を担う.沖縄革新陣営のリーダーの一人.1970年,初の沖縄の国政参加選挙で衆議院議員に当選する.1993年の細川護熙(もりひろ)連立内閣で沖縄選出初の大臣として,国土庁,北海道・沖縄開発長官に就任.国政では沖縄の立場を主張した.2000年に政界を引退.

全軍労組組合員(1971年1月)

　1967年に約4万人いた基地雇用員は，復帰時の1972年には1万9980人に半減した．大量解雇に全面ストの実力行使で対抗した労働組合員．肩に重くのしかかる失業にも負けず，銃剣と対峙する姿は，沖縄そのものだった．

大量首切り撤回闘争と基地撤去闘争（同月）

　全軍労の闘争は「基地に働き，解雇に反対しながら，基地撤去を主張する」矛盾を抱えるものでもあった．その一方，全軍労は日本復帰運動にも積極的に関わり，復帰後は「反戦・平和」を掲げて沖縄の労働運動の一翼を担った．カービン銃で警備する米軍と琉球警察の二重の壁ができた嘉手納基地ゲート前では，「沖縄を返せ」のシュプレヒコールが繰り返され，「反戦平和」のプラカードが掲げられていた．

## ゼネスト——1971年5月19日,11月10日

　沖縄が初めて経験した全島ゼネスト(ゼネラル・ストライキ). 1972年5月の日本復帰が近づくにつれ,軍用地の非返還をはじめ,基地政策を主とした日米間の沖縄返還協定に不信を募らせた県民は,「県民不在の返還協定粉砕」を掲げて集会を開催. 10万人が那覇市の与儀(よぎ)公園に結集した. このゼネストによって基地機能は完全に麻痺,学校は全校が休校. バス700台も完全にストップして,県民50万人に影響を与えた.

5・19ゼネストでのデモ行進(1971年5月19日)

　ゼネスト集会場である与儀公園から,浦添市小湾の米民政府(1950年に米軍政府に代わって設置)前までのデモ行進．当日は暑く,炎天下の行進だった．那覇市泊の陸橋から覗いたファインダーには,収まりきれない万余の長蛇の隊列が延々と続いた．

5・19ゼネストで，右翼と衝突する学生市民団

　ゼネスト阻止を叫ぶ右翼団体とゼネスト決行中の市民団体が，ゼネスト集会場横の路上で衝突．投石や角材で殴り合うなどの肉弾戦を展開し，双方に多数のけが人が出た．飛んでくる石と肉弾戦の間を駆け抜けてシャッターを切った．けがをすることはなかったが，鉄パイプで襲われそうになり，初めて乱闘現場の撮影の恐ろしさを味わった．写真奥は，逃げ去ろうとする右翼団体のメンバー．

　（右頁上）5月19日に次いで2度目の返還協定反対ゼネストが行われた．10万人がストに突入．交通機関，基地機能，電話回線などが麻痺した．過激派による火炎瓶闘争が一段と激しくなり，デモ隊警備にあたっていた警察官一人が死亡した．写真は那覇市天久の軍道1号線（現国道58号）をデモ行進する過激派集団．覆面をしている．行く手にはデモ行進最終地点である米民政府があり，琉球警察機動隊が待機していた．

11・10ゼネストで，火炎瓶を手にデモ行進する過激派

デモ行進の途中，過激派集団は交番所を襲った．警察官は逃げずに留まっていた．基地内へも火炎瓶を投げ入れた．その後警備の警察官と衝突，激しい乱闘となり，警察官は催涙ガス銃を発射した．警察官の報復攻撃はすさまじかった．

11・10ゼネストで交番を襲撃する過激派

5・19ゼネストで基地突入をはかる学生や市民団体

　デモ隊の過激派集団は，基地のフェンスを縄で引っ張って倒し，基地内へ突入した．米兵は放水で応戦した．

5・19ゼネストで，火炎瓶を受けて逃げ惑う米兵

　基地内へ突入した過激派集団は，米兵に火炎瓶を投げつけた．過激派学生の後方にいた市民団体は，基地内へ投石．警備の米兵は放水で応戦した．なかには，基地内に投げ入れられた石を民衆に投げ返す米兵もいた．米兵は逃げ惑い，まるで戦場のようだった．

5・19ゼネストで,米民政府前に集結した市民団体

　右の黒い壁は,米民政府に隣接するキャンプ・キンザー(牧港補給基地)のフェンスに沿って米軍によって築かれた基地侵入を防ぐためのコンテナ.そのコンテナの上に登って撮影した.基地内へ投げ入れられる石と火炎瓶が,頭上を飛び交った.基地内からも石が投げ返された.石と火炎瓶を避けながらの撮影だった.

# 復帰,沖縄処分ふたたび

　1879年,明治政府による強制的措置で日本に併合された琉球処分.主体性を強奪する「処分」は1972年,日本復帰の際にも発動された.基地はなくならなかった.基地被害も残った.これは沖縄が望んだ「復帰」の姿ではない.沖縄の主体性は顧みられなかったのだ.それは現在も変わりない.何のための「復帰」だったのか? 帰るべきところはここではない.基地拒否の民意は堅い.

## 日本復帰——1972年5月15日

　1969年11月の佐藤・ニクソン会談で合意された返還協定に基づき,沖縄は1972年5月に日本へ復帰,27年間に及ぶアメリカ支配に終止符が打たれた.沖縄と東京で同時に返還式典が開催された.変わらぬ米軍基地の存続,核兵器貯蔵の疑惑は残されたままで,「返還協定やり直し」「完全復帰」を念願する県民の意思は尊重されず,期待と不安が渦巻く"世替わり"だった.県民生活はドルから円への通貨切り替えが行われ,本土並みの税負担,売春防止法などの法律も施行された.

琉球政府時代の表札(右)と新生沖縄県の表札(左)(1972年5月15日)

　5月12日,琉球列島米国民政府(米民政府)解散式が行われ,米軍統治に幕が下りた.15日には沖縄県庁の除幕式が行われ,琉球政府時代の銅板表札と入れ替わった.銅板表札が外される直前の写真.

新沖縄県発足式(1972年5月15日,那覇市民会館)

　(右頁)屋良朝苗沖縄県知事は,復帰について「必ずしも私どもの切なる願望が入れられたとは言えない(中略)これからも厳しさは続き,新しい困難に直面するかもしれない」と述べつつ,「人間尊重の理念に新生・沖縄県の根拠を求める.人為的特質を創造し,県のさらに深い基盤とする」と提唱した.

式典で挨拶する屋良朝苗知事

5・15デモ行進

　日本復帰当日，沖縄県祖国復帰協議会(1952年サンフランシスコ講和条約発効と同時に沖縄が本土から切り離されたことを期し，60年4月に結成．72年の復帰後も「完全復帰実現」を掲げ存続したが，77年解散)は「自衛隊配備反対，軍用地契約拒否，基地撤去，安保廃棄，沖縄処分抗議，佐藤内閣打倒5・15県民総決起大会」を開催．大会後，与儀公園から県庁前までデモ行進した．

復帰に伴い，通貨も米ドルから日本円へと変わった．

復帰前年の 1971 年 8 月に発表されたニクソン・ショック（ベトナム戦争による財政赤字を背景にドルの信用が揺らぐ中，ニクソン大統領はドル防衛策として金とドルの交換停止を宣言）により，日本も 1 ドル＝ 360 円の固定相場制から変動相場制に移行した．ドルの価値は急速に下落，その結果沖縄では，ドルから円に交換する際の受け取り額の減少，すなわち手持ち資産の目減りが危惧された．

復帰直前の 1972 年 5 月 12 日，ドルから円への交換レートは 1 ドル＝ 305 円と決定．ドルの下落，円の高騰により，街中では円とドルが混在．物価の上昇を招き，県民を「復帰ショック」に陥れた．

写真は，復帰前の 1971 年 10 月 9 日午前 8 時から午後 10 時までの間，金融機関 358 カ所で個人所有のドルを確認する作業を説明した張り出しに見入る市民．こうした「ドル確認」は，県民個人が有するドル資産の実態を把握するもので，確認を受けたドルについては復帰後の円への交換時に，変動相場制移行前のレートと同額である 1 ドル＝ 360 円となるよう，差額分 55 円を政府が特別給付金として補償した．アメリカの施政権を侵害する行為ともなるドル確認は，その実施の日程も含め極秘に準備が進められた．

個人所有のドル確認作業（1971 年 10 月 9 日，那覇市安里）

1ドル=305円の通貨交換レートに反対する抗議行動が各所で展開された.那覇市長を会長とする通貨交換要求県民協議会は,「通貨切り替え後も1ドル=360円の補償を要求して運動を継続していく」と抗議声明を発表した.

通貨の即時切り換えを要求する12.22県民総決起大会
(同年12月22日,那覇市与儀公園)

沖縄県スタートとともに行われた戦後初の県知事選挙（1972年6月）

　屋良朝苗の遊説にはいつも多くの市民が集まった．6月25日，革新統一候補の屋良が，自民党候補の大田政作に7万3千票の大差をつけて当選．有権者数58万2754人，投票者数44万4547人，投票率76.28％だった．県民の初の県知事選挙への関心度と，県民が屋良へ託す反戦平和の願いを表わす数字となった．
　写真は那覇市国際通りのむつみ橋交差点．当時は陸橋があった．通行車両はまだ左ハンドルである．

県知事選挙で演説する屋良朝苗(同月14日)

　選挙期間中の那覇市平和通りでの遊説風景．参議院議員の青島幸男(1932〜2006)，那覇市長の平良 良松(1907〜1990)などの応援姿が見られた．屋良は商店街が設置した木箱の上に立って演説，市場のオバアたちから拍手喝采を受けていた．

自衛隊強行配備反対県民総決起大会(同年10月6日)

　アメリカ施政から解き放たれた日本復帰と同時に，自衛隊配備が始まった．配備は，1969年の「佐藤・ニクソン共同声明」における「復帰後の沖縄の局地防衛の責務を日本政府が負う」との取り決めに基くものであった．沖縄戦を経験している県民たちはこの"沖縄派兵"に強い抵抗を示し，沖縄県祖国復帰協議会は復帰後初の1万人を超す県民大会を開催，盛り上がりを見せた．

　写真は，大会に参加した当時の革新陣営のリーダーたち(前列右から瀬長亀次郎(91頁)，安里積千代(1903〜1986)，上原康助)．各氏とも衆議院議員で国政に参加した．

祖国復帰の父・屋良朝苗(1974年1月)

　琉球政府時代,革新主席として悲願の日本復帰を果たした屋良朝苗(読谷村出身.1902〜1997).米軍統治下の1968年,初の琉球政府主席公選に立候補し,野党や民主団体から圧倒的な支持を受けて当選,最後の琉球政府行政主席として3年半を務めた.復帰後初の県知事として1972年から76年までの4年間,復帰直後の激動の県政を担った.

　写真は新聞の新春企画インタビューでの一コマ.インタビューで屋良は,激動の沖縄を歩んだ自らの道,これからの沖縄について語った.厳しい表情だけが印象に残っている.

戦後，米統治下で復帰運動や労働運動に尽力した政治家・瀬長亀次郎（豊見城村（現豊見城市）出身．1907～2001）．1954年10月に沖縄人民党事件（島外退去命令を受けた人民党員らを瀬長らがかくまったとする事件）で米軍の弾圧により逮捕・投獄されたが，出獄直後の56年12月，那覇市長選挙で当選した．米軍から度々の嫌がらせを受け，就任から1年も経たずに市長の座を追われたが，屈することなく米軍統治に抵抗し続けた．沖縄返還を直前に控えた1970年，国政参加選挙で衆議院議員に初当選した．

　写真は，1972年12月の衆議院総選挙当選後に撮影．言葉にはいつも米軍統治への抵抗の意志が溢れ，鋭い眼光が放たれていた．再選した瀬長は，1990年に引退するまで7期連続当選を果たした．ユーモアを交えた演説で聴衆を魅了し，権力と徹底的に対峙した瀬長は，現在でも"不屈"の象徴として，新基地建設に反対する抗議運動の中で語り継がれている．

反米闘争の父・瀬長亀次郎

衆議院選挙での瀬長亀次郎の遊説風景（1972年11月20日）

　那覇市平和通り入口付近で撮影．オバアが野菜を売りながら熱心に瀬長の演説を聞いていた．選挙カーに同乗しているのは，後の日本共産党衆議院議員の古堅実吉（1929〜）．

衆議院選挙活動中の瀬長亀次郎(同日)

　那覇市公設市場で女性と握手する瀬長．瀬長は女性や年配者から好かれ，強く支持された．接した周囲にはいつも優しい笑顔が溢れていた．

日本共産党への合流を決定した沖縄人民党第18回臨時党大会（1973年10月31日）

　沖縄人民党は1947年7月に結党，アメリカの沖縄統治に終始反対した．人民党を共産主義政党とみなした米軍はたびたび弾圧を加え，1954年には党書記長だった瀬長亀次郎が逮捕される人民党事件が起きた．人民党は1951年，沖縄の日本復帰を目指す方針を定めた．復帰後の1973年に日本共産党への合流を決定，当時人民党委員長だった瀬長は共産党副委員長となった．写真中央の演台前に立つ人物は瀬長．

## いまだ飛来する米軍爆撃機──1972年10月

　復帰前の1968年11月，米軍の主力戦略爆撃機B52はベトナムに出撃しようと離陸直後に失速，嘉手納飛行場内に墜落炎上した．多大な恐怖を住民に与えたこの墜落事件を契機に，県民による島ぐるみのB52撤去闘争が展開され，1970年10月にB52は嘉手納基地から撤退した．しかし，その後も随時沖縄への飛来が続き，それは日本復帰後も変わることはなかった．

B52が飛来した嘉手納基地（1972年10月26日）

　フェンスには，復帰以前の「取締地域」警告の看板がまだ掲げられていた．フェンス越しに見えるのが，グアム島から飛来したB52．復帰以前はカメラを基地に向けただけでMPに逮捕され，逮捕されないときでもフィルムを抜き取られた．そのような経験が2度あった．

報道陣に公開されたB52（1975年5月19日）

　米軍嘉手納基地広報部からの連絡で，同基地に飛来したB52を撮影した．黒く光った胴体は想像以上に巨大で，ワイドレンズで覗いたファインダーからはみ出し，黒い殺し屋そのものだった．
　1965年7月29日，嘉手納基地から発進した約30機の米軍B52がサイゴン東南のベトコン地区を爆撃した．ベトナム戦争への沖縄からの米軍出撃はこれが初めてで，その後も出撃が繰り返された．それまで米軍はグアム島から出撃していたが，このときの沖縄からの出撃は，グアム島への台風襲来による沖縄への"緊急避難"が理由であった．

基地を埋めた B52 と農作業中の住民(1972 年 10 月 27 日)

　1972 年 10 月 26 日,今回もグアム島への台風接近を理由に,B52 戦略爆撃機 103 機が嘉手納基地に大挙飛来した.復帰前後を通して初の大量飛来となった.

基地フェンスを超えてそびえる B52 の尾翼と農作業中の女性(同日)

　B52 が大挙して飛来した時,農家はサツマイモの収穫に追われていた.

基地に隣接する民家とB52群(同日,嘉手納村(現嘉手納町)屋良地区)

　住民はB52の爆音と緊迫した空気の中で不安な一夜を過ごした.
　4年前となる1968年11月19日未明,嘉手納基地滑走路から飛び立ったB52が離陸に失敗,爆発炎上した.大きな爆発音と爆風は4キロ四方におよび,機体の破片が基地周辺に飛散した.民家の窓ガラスは破損,爆風で住民一人が顔面に負傷した.近隣住民たちは「戦争だ.ベトナムからの報復攻撃だ」と叫びながら逃げたという.
　その恐怖の記憶がよみがえるB52の飛来となった.

B52の飛来に抗議する嘉手納村の住民たち（同月28日）

　住民たちは，B52がこのまま嘉手納基地に居座ることを強く懸念した．同年5月に日本復帰を果たしたばかりであったが，その平和への人々の期待を裏切るような事態に対し，嘉手納村議会は即刻，抗議決議を全会一致で採択．大挙飛来から2日後の10月28日，村民大会を同村水釜で開催し，嘉手納基地まで怒りのデモ行進を行った．沖縄県祖国復帰協議会も29日，「B52大量飛来に抗議即時撤去を要求する県民大会」を開催，1,500人が参加した．

嘉手納村が超党派で開催した「B52飛来抗議村民総決起大会」は盛り上がりを見せ、同時に那覇市で行われた「10・28反戦集会」もB52大挙飛来に対し抗議の声を上げた。「B52撤去」の赤鉢巻きを締めた村長たちをはじめ300人余の嘉手納村民は、嘉手納基地に向かって「B52は出ていけ」のシュプレヒコールを繰り返した。

拳をあげてB52撤去を叫ぶ嘉手納村民（同日）

B52大挙飛来に抗議する嘉手納村民大会と県労協主催の県民大会が相次いで開催された.

B52の飛来に抗議する県民大会(同月29日)

基地滑走路を埋め尽くしたB52群(同月28日)

　10月28日,29日と連日のB52飛来への抗議を示した県民の声を無視して,103機のB52は3日間居座った.屋良朝苗知事は「今回のB52飛来は〈平和の島〉沖縄を目指すわが県にとって,県民の心境と意思に反する.米軍に猛省を促し,日本政府に再飛来をしないように強力な対米折衝を要請する」と抗議した.この日,ベトナム和平協定が結ばれる最終段階だった.

## CTS闘争——1973〜82年

　屋良朝苗の革新県政が推進していた石油備蓄基地(CTS: Central Terminal Station)の開発と，それに伴う金武湾(沖縄島東海岸)南方に位置する平安座島－宮城島間の埋め立て工事に関する反対闘争が1973年から激化した．

　復帰前の1970年，アメリカの石油会社ガルフ・オイル社によって平安座島にCTSが完成．続いて平安座島－宮城島間の埋め立てによる新たなCTS建設が目されたが，1973年に発生したガルフ社による原油流出事故により公害問題が深刻化，同年9月に結成された「金武湾を守る会」を中心に反対運動が展開された．1974年9月，同会は屋良知事に対し，CTS建設用地の埋め立て免許の無効を求めて提訴したが，翌年10月に却下判決が下り，建設手続きが進められた．同会は再び1977年に建設差し止めの仮処分を申請したが，79年却下された．

「金武湾を守る会」による県庁前での座り込み闘争(1974年1月18日)

　「金武湾を守る会」は，CTS誘致撤回を求める座り込み闘争を開始した．県庁前庭にテント小屋を張って40人余の反対派住民が座り込み，ローソクを灯して徹夜で抗議の意志を示した．こうしたCTS反対世論の高まりを受け，屋良知事は1月19日午後，CTS誘致と建設構想を撤回した．しかし，開発者である沖縄三菱は計画を断念することはなく，知事のCTS建設撤回の再考を要求した．

CTS建設反対断食闘争（1975年10月6日）

　10月4日，那覇地裁（山口和男裁判長）がCTS行政訴訟を却下したことに抗議，屋良知事の埋め立て竣工認可を糾弾して「金武湾を守る会」（安里清信（1913〜82）代表，中央左）約80人は県庁構内でハンストに突入した．「海はひとの母である」として生涯を反CTS闘争に捧げた安里さんは，黙々と穏やかに座り込みを続けていた．

9月に結成されたばかりの「金武湾を守る会」メンバー約500人は,「開発と土地利用についての考え方／シーバース着工停止について／公害について」などの公開質問状の直接回答を求めて知事室へ押しかけたが,県警機動隊に排除された.

公開質問状の回答を求める「金武湾を守る会」(1973年11月9日)

　(右頁)「金武湾を守る会」は,15日ぶりに登庁した屋良知事に,CTS埋め立て竣工認可を撤回するよう面会を求めたが聞き入れられず,警察官らに押し返された.その後,同会の漁民48人は県を相手にCTS埋め立て無効の訴訟を起こす.

知事に面会を求める「金武湾を守る会」(1974年7月23日)

中城湾から望むCTSの島・平安座島(1972年10月24日)

　平安座島は昔から海上交通の要であった．沖縄島北部のヤンバルから，マーラン船(帆で風を受けて走る木造船)が材木や薪を運び込む港があり，中国や東南アジアとも貿易して繁栄した．マーラン船が沖合にぎっしりと浮かんでいる資料などが島に残されている．古くから伝わる祭りや行事も数多くあり，海と結びの深い「サングヮチャー」(豊魚を願う島最大の行事)は有名だ．

写真上方に白く見える部分が，平安座島(手前)と宮城島(上方)間のCTS建設埋め立て地．埋め立て前は浅瀬で漁港などがあった．平安座島では沖縄ターミナルと沖縄石油精製が操業していた．

　1976年，屋良知事は埋め立て地へのCTS建設を許可．1982年10月，「金武湾を守る会」は反CTS裁判の上訴請求を取り下げた．埋め立て地は，現在は整備されて原油貯蔵タンクなどが並ぶ．

CTS埋め立てが進む平安座島-宮城島間(1974年7月17日)

CTS建設で開通した海中道路(1972年10月22日)

　アメリカの石油会社ガルフ社がCTS建設のために浅瀬を埋め立て，沖縄島と平安座島を結んだ海中道路は，同社から村へ無償で寄贈された．1970年頃に初めて平安座島へ撮影で行った時には海中道路はまだ出来ておらず，米軍払い下げの水陸両用トラックに乗って海を渡った．

CTS建設の埋め立て地で網を繕う漁師(同月)

　漁師が立っている場所は，かつて舟着場だった．写真後方の石油タンクが並ぶ島，平安座島へは舟で渡っていた．海は澄んで浅く，稚魚が豊富で，平安座島，宮城島の特産物である蛸やウニ，モズクやアーサーなどの海草類も豊富に採れた．両島が位置する金武湾にはかつてジュゴンも生息していたと言われ，1998年11月にジュゴンが定置網に掛かった際に取材したことがある．

## 不発弾爆発事故——1974年3月2日

　1974年3月2日,那覇市小禄の聖マタイ幼稚園近くで不発弾の爆発事故が起きた.下水道工事で打ち込まれたパイルが旧日本軍の機雷に触れて爆発したためで,3歳の女児を含む4人が死亡,34人が重軽傷を負った.
　発生直後に現場に向かうと,爆発地点に近づくにつれ,吹き飛ばされたパイルでつぶされた軽トラックや土砂まみれになった車が目に入った.爆発地点は土砂がえぐられて大きな穴があき,クレーン車が倒れ,消防隊員らが負傷者の救出活動に当たっていた.
　この事故の後も沖縄では,不発弾の爆発事故で3人が死亡し21人が負傷している.米軍の艦砲弾など沖縄戦で使われた不発弾は現在も約2,000トンが土中に眠っていると推定され,日々見つかっている.

復帰後最大の不発弾爆発事故となった那覇市小禄の現場(1974年3月2日)

爆発した旧日本軍の改造地雷を検証する自衛隊の不発弾処理班(同日)

地面に大きな穴がうがたれた幼稚園前の現場(同日)

　パイルを打ち込んでいた下水道工事用の車両は破壊され，地雷が埋もれていたと思われる付近は土砂が吹き飛び巨大な穴が空いていた．

　沖縄戦当時，事故現場付近から南東方面の海軍司令部壕(現在の那覇市と豊見城市との市境に位置)へ通じる一帯には，米軍上陸に備えるため，多数の地雷が日本軍によって敷設されたと言われている．

何本ものパイルが折れ曲がった事故現場(同日)

　写真右手前に見えるような工事用パイルが，爆発によって数十本も吹き飛ばされ，道路や住宅街に降り注いだ．写真右上方に見られる建物の屋上からも現場を撮影したが，すさまじい光景が眼下に広がっていた．

事故現場を検証する警察官(同日)

　現場へはタクシーで30分ほどで駆けつけたが，すでに警察官が到着しており，土中を掘り起こすなどして検証を始めていた．負傷者は救急車で運ばれた後だった．写真上方は，爆発で吹き飛ばされた工事用車両．

現場近辺の建物屋上から見た事故現場(同日)

　事故の被害全容を把握しようと，現場近くの建物屋上に上り撮影した．吹き飛ばされた工事用のパイルは，民家の屋上や通行中の乗用車を直撃していた．

# 沖縄国際海洋博覧会——1975年7月20日〜76年1月18日

「海,その望ましい未来」をテーマに,日本復帰記念事業として,沖縄経済の起爆剤と目されて開催された国際海洋博覧会(海洋博).しかし,開発で自然は壊され,海への赤土流出,オニヒトデの異常発生などの問題が明らかになった.入場者数は当初の見込み450万人を下回って350万人に留まり,観光客目当てのホテルや民宿など地元企業の倒産と失業で,県経済に大きな影を落とす結果となった.

博覧会跡地は現在,国営沖縄記念公園として整備され,1979年開館の旧水族館の新館として2002年に美ら海水族館がオープン,人気を博している.

観客でにぎわう海洋博会場(1975年7月)

海洋博は7月20日から翌1976年1月18日まで約半年間にわたって,沖縄島北部の本部町で開催された.写真の後方に見えるのは,未来型海上都市モデル「アクアポリス」.博覧会展示施設の中で最大の目玉だった.

那覇市国際通りで行われた皇太子夫妻歓迎パレード(1975年7月13日)

海洋博の名誉総裁として皇太子夫妻の沖縄訪問が決まった．「守礼の真心で皇太子殿下と妃殿下を迎えましょう」と日の丸を先頭に，沖縄商工会など約250人が夫妻歓迎パレードを開催した．パレードには右翼団体も参加していた．
　一方，屋良県政の支持母体である沖縄教職員組合は7月10日，皇太子来沖反対と海洋博開催反対を決定した．その当日，同組合定期大会場の壇上で，右翼の青年一人が委員長にけがを負わせる事件が発生．街には皇太子来沖に対する反対と歓迎ムードが入り乱れ，沖縄県警は右翼と左翼それぞれのテロ活動に神経を尖らせた．

皇太子来沖反対の看板(同月)

# 皇太子夫妻に火炎瓶──1975 年 7 月 17 日

　糸満市のひめゆりの塔で，沖縄国際海洋博覧会に出席するため沖縄を訪問中の皇太子夫妻に過激派によって火炎瓶が投げつけられる事件が起きた．ひめゆり同窓会会長・源ゆき子さんの説明を夫妻が聞かれている最中，壕の中に潜んでいた沖縄解放同盟の活動家 2 人が突然飛び出して，「天皇家糾弾」を叫びながら火炎瓶を投げ，献花台で炸裂させた．

　皇室関係者が沖縄を訪れるのは，戦後初めてのことだった．太平洋戦争では本土の防波堤に，終戦後は 27 年の長きにわたってアメリカの支配下に，という苦難の歴史を強いられた県民の感情は，この訪問に対して，歓迎と反対の二色に大きく分かれていた．

皇太子ご夫妻に過激派（手前）が火炎瓶を投げつける瞬間
（1975 年 7 月 17 日付読売新聞（西部本社版）夕刊に掲載）

炸裂した火炎瓶と避難する皇太子ご夫妻(同)

夫妻到着の前日,警備の警察関係者は訪問先などを入念に点検していた.この日,夫妻訪問時に火炎瓶を投げつけた過激派2人は,すでに塔の下の壕の中に潜んでいた.しかし,警察官は,聖域であることを理由に壕の中を調べなかった.

ご夫妻による献花が予定されているひめゆりの塔の周辺を点検・警備する警察官と私服警官(同月16日)

## 交通方法変更——1978年7月30日

　米軍統治下の沖縄ではアメリカ同様に，交通方法が「車は右，人は左」だった．復帰後6年目の1978年7月30日午前6時から，日本本土同様に「車は左，人は右」の交通方法となった．

7・30（ナナサンマル）交通方法変更(1978年7月)

　児童たちも，交通方法変更を前に右側通行の講習を受けた．那覇市久茂地小学校（のちに過疎化で廃校）正門前で撮影．

交通方法変更前の那覇市国際通り

1972年の復帰の頃,むつみ橋交差点の陸橋から沖縄県庁に向かって撮影した.現在は,右車線の後向きの車が前面方向に(カメラに向かって)走ってくる.

交通方法変更前の国道329号（1978年1月）

交通方法が変更になることを告知する看板が目立った．国道から村道に至る県内各地に標識が設置された．車両が通行しないような離島の細道や，沖縄島北部のヤンバルの林道でも同様の標識を見かけた．

交通方法変更直前の交差点(1978年7月30日午前5時59分)

右側車線の車両は右側から左折している．

交通方法変更直後の同じ交差点(同日午前6時)

警察官の合図で，道路の右側を走っていた車両が左側通行になった．左車線の車両が左側から左折している(撮影場所はいずれも那覇市国際通りのむつみ橋交差点)．

## 実弾射撃演習——1973〜97 年

　復帰後の 1973 年から 97 年 3 月まで米海兵隊は，キャンプ・ハンセン演習場（金武町）で 155 ミリ榴弾砲の実弾射撃演習を行っていた．演習の際には金武町と恩納村を結ぶ県道 104 号が封鎖され，恩納岳（金武町と恩納村の境に位置する）に向かって砲弾が撃ち込まれた．演習は 1997 年に本土に移転されるまで計 180 回行われ，県道が封鎖されるたびに地域住民は産業道路への迂回を強制され，不便を余儀なくされた．

　沖縄の負担軽減策の一環として，同演習は 1997 年度から本土 5 カ所の自衛隊演習場に移転．この沖縄からの移転に際し，装備搬送など移動費用はすべて日本側の負担となった．同演習の本土第一号は同年 7 月 3 日から北富士演習場（山梨県）で，以後，矢臼別（北海道），王城寺原（宮城県），東富士（静岡県），日出生台（大分県）の各演習場で実施されている．

155 ミリ榴弾砲の県道 104 号越え実弾演習（1988 年 8 月 2 日）

実弾演習で砂煙が上る恩納岳(1989年10月9日)

　155ミリ榴弾砲の着弾地となった恩名岳一帯は，実弾演習の激しさで禿げ山となった．演習が終わった後も，不発弾の自然爆発で山火事も頻繁に発生する．恩納岳は昔から自然豊かな名所として知られ，琉歌にも数多く登場し，地元住民から愛される山である．

県道を走る155ミリ榴弾砲台(同月)

　演習当日の早朝，砲台は我が物顔で民間地域を移動する．地域住民はこの光景を目にするたびに，戦争を思い出し不安になる．農作業などの仕事中も，実弾の発射音と山に轟く着弾の爆発音に脅かされる．

海兵隊の砲撃演習に抗議する平和運動センターの労働組合員(1992年1月21日)

　復帰後から実弾演習が実施されるたびに抗議活動を続けているが,米軍は住民の意向を無視して訓練を繰り返してきた.写真は金武町伊芸(いげい)の高台での抗議活動.

## パラシュート降下訓練

　米陸軍第一特殊部隊(グリーンベレー)によるパラシュート降下訓練は,復帰前の1950年には訓練中の飛行機から補助燃料タンクが民家に落下し3歳の女児が死亡,1965年には落下してきたトレーラーの下敷きとなって女子小学生が死亡するなど,住民被害が多大で危険な訓練の一つである.かつては米軍読谷補助飛行場(読谷村.2006年7月に返還)で行われていたが,落下物などによる事故や降下地点以外への落下事故などが続発し,1999年に伊江島補助飛行場(伊江村)への移転が決まった.しかし,"例外措置"として嘉手納飛行場での実施も容認されている.

パラシュート降下訓練(1989年8月29日,読谷村上空)

パラシュート降下訓練のための準備をする米兵(1988年5月11日,米軍読谷補助飛行場)

　降下訓練用の輸送ヘリに搭乗する前,パラシュートなどの装備を点検,身につける米陸軍特殊部隊.日本復帰後も同部隊によるパラシュート訓練は定期的に行われた.県民の反発をよそに,実弾射撃演習と同日に実施すること(1995年7月6日など)が何度もあった.

監視する村職員の前を通る，基地外に落下したパラシュート降下部隊（1991年3月）

　訓練が実施される補助飛行場入り口では，早朝から読谷村職員が訓練を監視する．この日は，基地外に落下した兵士が照れくさそうに逃げ去っていった．

基地外に降下するパラシュート降下部隊(同月)

　日本復帰後でも,沖縄ではこのような光景は日常茶飯事であった.降下部隊は,基地外の集落や畑に落下して事故を起こす.県と読谷村は,訓練中止と米軍読谷補助飛行場の返還を何度も日米両政府に要求してきた.

## 基地を包囲せよ！

　3,500メートル以上の滑走路を2本備える，極東最大の米軍嘉手納飛行場．沖縄市，嘉手納町，北谷町にまたがる．1944年9月に旧日本陸軍航空本部中飛行場として開設されたこの飛行場は，翌45年4月，沖縄島に上陸した米軍によって占領，日本本土攻略のための基地として整備拡張された．戦後，朝鮮戦争勃発以降はさらに基地機能が強化され，1967年に主要滑走路が完成．ベトナム戦争時には，B52爆撃機がこの飛行場から出撃．現在もイラク戦争時をはじめ，世界各地へ兵器と兵士を輸送する要の基地となっている．

"浮沈空母・沖縄"を象徴する米軍嘉手納飛行場

8・5嘉手納基地を人の輪で包囲する大行動（1990年8月5日）

（前頁下）1987年6月21日に次いで2回目の開催となった嘉手納基地包囲運動．前回を上回る約2万6千人の人の輪で基地周囲17.4キロを包囲した．「米軍基地の象徴である嘉手納基地を包囲することは，すべての基地を否定する県民の意思表示．人間の輪が世界の平和を結ぶ輪として広がるように」と世界へ向け基地反対をアピールした．沖縄サミット開催直前の2000年7月20日，また2007年5月13日にも人の輪がつながった．

普天間基地包囲行動（2005年5月15日）

　前年8月13日の米軍ヘリ沖国大墜落事故を受け，「米軍普天間基地撤去，基地の県内移設に反対する県民大行動」を日本復帰記念日の5月15日に開催．宜野湾市の普天間飛行場の包囲行動としては4度目となり，過去最多の約2万4千人が参加．基地の危険性をあらためて指摘し，早期返還を訴えた．普天間飛行場の包囲行動は2010年5月16日にも行われ，05年の行動が「最後の包囲行動」とはならなかった．

## 今もなお——ミサイル搬入・戦闘機・軍事演習・枯葉剤

　2006年5月に日米両政府が最終合意した在日米軍再編計画に基づき，地対空誘導弾パトリオット・ミサイル(PAC3, PAC2)の沖縄配備が進められた．この配備については「基地機能の強化」「沖縄が軍事的な標的にされる恐れ」「地元との合意形成なし」といった点から強い反発が広がる中，米陸軍は9月末からミサイル関連装備車両の搬入を開始．10月11日，天願桟橋に停泊中のミサイル搭載貨物船「グローバル・パトリオット」からミサイル本体24基を陸揚げ，嘉手納基地に搬送した．

　貨物船は9日に着岸していたが，沖縄平和運動センターなど市民団体の座り込みによって搬入が阻止されていた．これを11日午前，県警機動隊が強制排除．搬送経路沿道では県警が警護に当たった．11月30日には，PAC3を運用する米陸軍部隊の発足式が嘉手納基地で行われ，翌2007年2月初めにはパトリオット・システムが実射可能な運用状態に達したとして，報道陣に訓練が公開された．

パトリオット・ミサイル搬入の車列と警備にあたる沖縄県警(2006年10月11日)

嘉手納基地に集積されたパトリオット・ミサイル(同月21日)

　沖縄に配備された米陸軍パトリオット・ミサイルは最新鋭の弾道ミサイル迎撃のPAC3と対航空機迎撃のPAC2との混合．嘉手納基地と嘉手納弾薬庫地区に24基が搬送された後，各基地に配備された．11月にも追加配備があった．パトリオットの沖縄配備は，北朝鮮の地下核実験実施が引き金になった．

米国バージニア州ラングレー空軍基地所属の最新鋭ステルス戦闘機F22Aラプター12機が，2007年2月以来2年ぶりに米空軍嘉手納飛行場に飛来，約3カ月間同基地に配備された．嘉手納基地に関する3市町連絡協議会(3連協．沖縄市，嘉手納町，北谷町)は，再度のF22飛来に騒音悪化と常駐化への懸念を深め，米軍や沖縄防衛局などに対し抗議を申し入れた．

　同機の配備は繰り返され，2012年9月12日には周辺自治体への事前通知なしに新たに10機が飛来，嘉手納飛行場には最多となる22機が暫定配備された．その後もF22は同飛行場にたびたび飛来，こうした配備の常駐化とも言える状況は，沖縄の負担軽減の実現にはほど遠いものである．

F22の再飛来(2009年1月10日)

日米共同訓練としての空中給油活動(2005年4月18日)

　飛行を長時間持続させるために行われる空中給油は,「アメリカの世界警戒の範囲と力を保障する重要な鍵」とされ,米空軍は世界で最多の空中給油機を保有している.その一部が在日米空軍嘉手納基地に所属し,2003年から毎年1回,日米共同の空中給油訓練が実施されてきた.

　2005年4月に公開された共同訓練は,18日から26日までの9日間,九州西方の自衛隊訓練空域で行われ,嘉手納基地所属の米空軍KC135空中給油機と,千歳基地(北海道)所属の航空自衛隊F15戦闘機が参加した.撮影はKC135に搭乗して行った.写真は受油を試みるF15戦闘機で,写真上方中央右寄りに見えるのが,空中給油機から延ばされた給油用パイプ.

　2006年度末の航空自衛隊による空中給油機導入を目指して受油訓練が行われ,日米共同の訓練は今回で3回目となった.しかし,戦闘機の航続距離を大幅に延ばし,活動範囲を広げる給油機の導入は「専守防衛」の原則に反するとも指摘されている.

　空中給油機については,沖縄の基地負担軽減策の一環として,2014年7月に普天間基地所属のKC130機15機が岩国基地(山口県)へ移駐.しかし,岩国移駐後も同機の沖縄県内への飛来と訓練実施が恒常化しており,「負担軽減」の実効性に疑問が呈されている.

防毒マスクなどを着用した，都市型訓練中の米兵
（2006年7月27日）

　米軍キャンプ・シュワブ所属の第三海兵師団戦闘強襲大隊による都市型訓練が，キャンプ・ハンセン都市型戦闘訓練施設内で公開された．
　米陸軍には同様の訓練施設が同基地内レンジ4にもある．レンジ4では前年の2005年7月に実弾射撃訓練が初めて実施され，住宅地まで約300メートルという場所での実弾使用に対し，緊急抗議県民集会が開催され1万人の県民が集まった．実弾を使用する実戦訓練は少なくとも年数回の頻度で行われ，実戦配備の前には頻繁になる．

撮影した日は兵員約60人が参加．二手に分かれ，教会やアパート，商店などを模したコンクリート造りの建物が立ち並ぶ無人の人工市街地で，模擬弾の撃ち合いが開始された．

実戦さながらの都市型訓練(同日)

枯葉剤ドラム缶の発掘(2014年1月31日)

枯葉剤ドラム缶の発掘現場(同日)

枯葉剤は猛毒のダイオキシン類を高濃度に含む混合除草剤の一種で，ベトナム戦争中に米軍が化学兵器として，密林樹木を枯れ死させるために空中から大量に散布した．当時主に使用されたのは毒性の強いエージェント・オレンジ．

日米両政府はこれまで枯葉剤の沖縄持ち込みを認めていないが，退役軍人らの証言で枯葉剤の貯蔵や散布，投棄が明らかになっている．

米軍基地返還跡地である嘉手納基地に隣接する沖縄市サッカー場で，米軍遺棄と見られる朽ちたドラム缶61本が発掘された．ドラム缶には世界最大規模の総合化学品メーカー「ダウ・ケミカル」の社名が白い文字で書かれ，はっきりと読み取れた．その付着物などからは，ダイオキシン類の中でも最も毒性が強い成分が高濃度で検出されている．

在沖米軍基地における有害物質の使用履歴はほとんど存在しない．アメリカ政府はそうした保管記録の不備を盾に，「証拠がない」として枯葉剤の沖縄での貯蔵と使用を否定．枯葉剤使用の後遺症に苦しむ自国の退役軍人による補償要求も却下してきた．汚染実体は把握されておらず，県民の健康被害についても検証されていない．使用履歴がないために，返還跡地の環境調査には膨大な時間と経費が掛かり，跡地利用を阻害する大きな要因となっている．

# III
# 魂の響き
### (マブイ)

今もガマに眠る沖縄戦戦没者の遺骨(2012年6月15日,糸満市大里)

沖縄戦の終焉の地・沖縄島南部の山野には数多くの埋没壕があるが,年を経るに従って,遺骨収集作業はさらに厳しい状況にある.

# 「集団自決」の傷痕

　沖縄戦の忌まわしい出来事の一つに「集団自決(強制集団死)」がある．1945年3月26日午前8時すぎ，米軍は沖縄島西方の慶良間(けらま)諸島に進攻，日米両軍による沖縄戦が事実上始まった．米軍は上陸以前の23日からグラマン機延べ300機以上で島を空襲・爆撃し，諸島を二重に包囲した艦隊から艦砲射撃を雨のように降らせていた．島は火に覆われ，島民たちは逃げまどい錯乱状態に陥っていた．

　日本軍から「敵は野蛮な鬼畜米英だ．(捕まったら)女は暴行され殺される．男は戦車でひき殺される」と教えられていた住民．「生きて虜囚(りょしゅう)の辱(はずかし)めを受けず」という「戦陣訓」が浸透していた．

　島の青年で組織された防衛隊員は，アメリカ兵に捕まり生き延びることを恐れた．親が子の喉をカミソリや鎌で切りつけたり，日本軍所有の手榴弾を爆発させたり，紐で首を絞め合ったり，樹の棒で殴ったり，農薬を飲ませたりという方法で，家族，親戚，知人友人同士が殺し合う悲惨な事態「集団自決」が，慶良間諸島では慶留間(げるま)，座間味(ざまみ)，屋嘉比(やかび)，渡嘉敷(とかしき)の四島で発生した．

　米軍上陸第一歩の地・慶留間島で，上陸用舟艇が海岸を黒く埋め尽くし，国民学校の運動場に米兵が集結するのを目撃した中村武次郎さん(当時14歳)も，言葉にならない修羅場を体験した一人(149頁)．現在，県重要文化財・高良家住宅の管理人である中村さんは，カメラに向かって体験談を次のように語った．

　「島の西側の山裏(アカマティ)へ母と姉3人で避難した．山の壕へ入ると，すでに着飾った姿の女性と子供たちが亡くなっていた．自分たちも死ぬことを決意．ひとつの紐で3人の首を一緒になって括(くく)り，母と引っ張った．姉は中央にいたので，足をばたつかせてすぐに息絶えたが，端で括っていた自分と母は苦しくなって手を緩めた．気を失いかけている時，米兵が駆けつけて助かった．チョコレートを差し出されたが，毒が入っていると信じて食べなかった」．

　「集団自決」という事実があるにもかかわらず，文部科学省の高校歴史教科書検定で「集団自決」の日本軍による強制の記述が削除・修正された問題がある．これに対し沖縄県民は2007年9月29日，宜野湾市の宜野湾海浜公園で，超党派で組織した11万6000人が結集し，「教科書検定意見撤回を求める県民大会」を開催，記述回復を決議した(30頁)．その後，最高裁は「集団自決」の日本軍関与を認める判決を下した(2011年4月22日)．

　戦後70年経った今，沖縄戦を体験し深い悲しみの傷痕を背負い，恒久平和を願って生きている人々がいることを正しく認識し，後世に伝えなければならない．

　(147〜149頁の写真は2011年2月〜12年11月に撮影)

3歳のころ母と「集団自決」を経験した大城良作(渡嘉敷村出身・1943年8月生)

　正月に着る着物を着て,母と手をつなぎ玉砕場へ向かったことを鮮明に覚えている.大雨で山道は滑り,鼻緒が切れた.母が結んでくれた.眉間の傷は,鍬(くわ)の柄で叩かれた痕.玉砕場の小川で気を失っているところを祖母に助けられた.母の遺影はいつも枕元から離さない.母がどのように亡くなったか記憶にない.手榴弾が箱から住民に配られたことを覚えている.

　少年は母とともに父からカミソリで切りつけられて集団自決を迫られた.少年は死亡.生き延びた母と姉には首に傷痕があった.着物は母が大事に保管した.着物には当時の血痕が染み付いている.着物の上のマークは,島の住民とスパイを見分けるため,婦人会が縫って住民に配布した.着物の内ポケットにあった.

父にカミソリで切られ「集団自決」した少年・宮平邦夫(座間味村出身)の着物

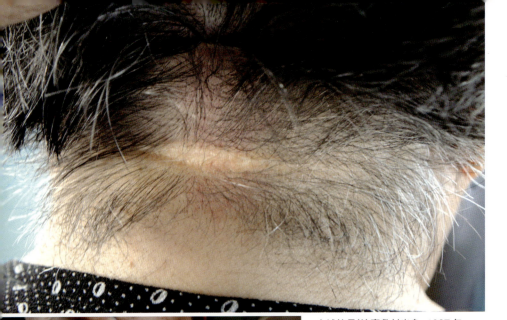

山城節子（渡嘉敷村出身・1937年7月12日〜2011年8月）．ナタで切られた「集団自決」の傷痕

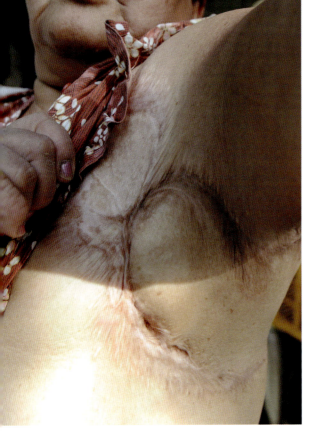

「集団自決」の傷痕と米軍の砲弾でえぐられた胸の傷（沖縄島在住・1935年2月24日生）

　姉は父に鍬で叩かれて死亡．本人も棒で頭などを打たれ，でこぼこの傷がある．第一玉砕場で黒人兵に助けられた．血だらけの服をハサミで切られ，米兵のシャツを着た．上陸用舟艇に乗り，座間味島で治療を受けた．従妹たちは叔母からカミソリで喉を切られた，という．

（左頁上）「母は私たち兄妹を殺すことができずに叔父に殺してくれ，と頼んだ」．叔父はナタで母，妹と弟を切りつけた．私も切りつけられて首から血が流れてきたが，ただ黙ってうつむいていた．玉砕場で倒れているところを米兵に助けられた．米兵におぶられて玉砕場の「フィージー川」を上った．

慶留間島の高良家に残る銃痕と家族で「集団自決」を経験した中村武次郎（慶留間島出身・1930年4月20日生）

米軍が上陸する光景を見て，母と姉3人で山の裏側へ逃げた．壕の中で3人一緒に首を紐で占めた．姉はすぐに息が切れた．母と自分は死ねずにいるところを米兵に助けられた．慶留間島のほとんどの住民が首を絞めて強制集団死したという．

渡嘉敷村の第一玉砕場(2011年6月)

　1945年6月27日，島の人々はこの北山(にしやま)へ集合を命じられた．生き残った証言者によると，写真下方の広場は多数の死体が横たわり，中央の小川の滝(人が後ろ向きで歩いているところ)は，上方で死んだ人々の血で染まった赤い泥水が流れていた，という．

渡嘉敷村北山の日本軍赤松隊の避難壕(2010年11月)

(左頁下)住民が「集団自決」した玉砕場の隣にあり，アメリカ軍が砲台を築いた場所からも近い．壕の中には炊事場もあった．今は，壕へ至る道が整備され，入口は鎖で塞がれている．村の平和教育の場となっている．

「集団自決」を生き延びた人々（2011年3月，渡嘉敷村・白玉の塔）

写真の女性たちのほとんどは玉砕場からの生還者．それぞれに深い傷が心身に残る．心に秘めた戦争体験を人前で語ることはない．

# 遺骨収集

　日本国内で唯一地上戦が展開された沖縄戦で犠牲になった戦没者は，日本と米国を合わせて20万656人（日本18万8,136人，米国1万2,520人）にのぼる．沖縄県平和祈念財団の「戦没者遺骨収集情報センター」によると，その中で，集骨対象数は18万8,136柱あり，これまでの集骨数累計は18万4,927柱．未集骨の3,209柱が山野と埋没壕などに眠ったままである（2013年度の集計による）．

　国吉勇さん（1939年2月24日生）．高校時代から一人で，ボランティアで遺骨収集作業を続けて50年以上になる．これまでの収集遺骨，遺品，不発弾などは数万点を超える．

　重要と思われるほとんどの遺品は公的資料館に寄贈．遺骨と不発弾はすべて警察署と戦没者遺骨収集情報センターへ届けている．それでも残ってしまった数万点の遺品は，国吉さんの自宅で厳重に保管されている．

　2012年6月，国吉さんの指導で遺骨収集作業を体験しようと，未収集の遺骨があるという地元の情報があった．糸満市の高嶺小学校裏の壕（ガマ）に入った．壕の入口は雑草に塞がれて狭く，入るのが厳しい．猛毒のハブを警戒しながら，鎌で雑草を切り除き，泥まみれになって，這って身体を入れる．

　想像した以上に中は広く，鍾乳洞になっていた．地元住民が避難した生活痕が窺えた．鍾乳石から滴り落ちる水が清らかな小川となり，懐中電灯で照らされた澄んだ水底に，青白い遺骨が数柱浮かんで見えた．一瞬の恐怖心と遺骨を見つけた安心感が漂った．周囲には破れた軍靴もあった．撮影の準備不足もあり，再度訪れることを念じて，遺骨に向かって合掌した．

　戦後70年．沖縄では，国や県が取り組む戦後処理の重要課題が多数ある．「集団自決」で一家全滅した家族の家屋や，所有者不明の土地問題．大量に地中に埋没し，住宅街で爆発事故を起こして県民生活を脅かす不発弾処理問題．戦争体験者が減り，証言者が少なく情報収集が困難な遺骨収集作業や，遺骨のDNA鑑定の要望もその一つである．

　　（右頁）ガマの中の水は澄んでいた．天井の鍾乳石を伝ってぽとりと水が落ちる．懐中電灯で照らすと，くっきりと水底から遺骨が浮かんできた．急いで，静かにシャッターを切ったが，67年の眠りを覚ましたようだ．思わず手を合わせた．

ガマの水底に眠る遺骨(2012年6月15日,糸満市大里)

遺品と眠る数体の遺骨（同月18日，糸満市大里）

　国吉勇さんの2度目の案内で同じガマに入った．先日，あわててシャッターを切ったので十分に撮影できず，再撮影である．ガマの中は広く立っての撮影ができるが，足場が田んぼのように柔らかで長靴がめり込み，澄んだ水を濁してしまった．遺骨は後日，国吉さんが収集して県の戦没者遺骨，収集情報センターへ連絡した．

遺骨収集のボランティア
(同月15日,糸満市照屋)

野ざらしとなっている遺骨を収集する国吉勇さん.休日には,高校生や元自衛隊員らが応援に来る.夏の日,一度手伝ったが体力を消耗する厳しい労働だった.

ガマから収集した遺骨を納める(同年8月1日,南城市)

ガマから掘り出した遺骨は選定して納める.埋没したガマからは人骨とともに,馬や豚など家畜の骨も混じって発見されることがある.国吉さんの説明によると,兵隊は軍馬と一緒に,住民は家畜と一緒にガマへ避難したという.遺骨の判別は,一般の人には見分けが付きにくいが,国吉さんは一目で判る.この日は,数十人の遺骨と豚の骨が混じっていた.

ライトの光に浮かびあがる遺骨の頭蓋骨(同)

　ガマから掘り出したばかりの遺骨がライトの光に照らされて，まるで宙に浮いて見えた．歯がしっかりと並び，当時元気な若者だったことが想像できる．側には朽ちた鉄兜(てつかぶと)が埋もれ，ピンが付いたままの手榴弾なども見つかった．

茶椀に固着した人骨(同年7月12日，那覇市の国吉勇さん宅)

(左頁下)ガマから掘り出した茶碗に人骨が固着して、持ち上げても離れなかった．国吉さんの自宅には、数万点にのぼる遺品が部屋いっぱいに展示されている．これまでに、各地の戦争資料館に多数の遺品を寄贈した．

今も海岸に横たわる砲弾の残骸（2011年4月5日，渡嘉敷村）

　旧暦3月3日(はまうり)の大潮・干潮時に海底から浮かびあがる．人々は砲弾の残骸のそばを通って潮干狩りを楽しむ．終戦後、不発弾から火薬を抜いて密猟に使用した．火薬を採るときに誤って爆発し、死亡する漁師もいたという．

# あとがき
## ──ファインダーを超えて，フェンスを越えて──

　黒く焼け焦げた車両が延々と続く．宮古島から沖縄島へ出てきて2年目の冬の朝，初めて「ウチナーンチュ」の怒りを見た．1970年12月20日，コザ市(現沖縄市)胡屋十字路の陸橋から軍道24号(現国道330号)を眺めた暴動後の光景だった．油で焼かれたゴムの臭いが充満する外車を検証する琉球警察官．現場周囲を取り巻き，成り行きを見守る群衆．号外を手にして出勤するサラリーマンや平然と早朝野球練習に向かう子供たち．そこには「OKINAWA」の現実があった．戦後25年間，沖縄を支配し抑圧，差別してきた米国への怒りが爆発した暴動だった．以後，沖縄の真の姿をファインダーで追い続けることになる．

　1995年，3人の米兵による12歳の少女暴行事件が起きた．事件を糾弾する県民大会を空からセスナ機で取材．離陸してすぐに，超党派(オール沖縄)で結成した8万5000人余の県民の怒りの声がうねりとなって機体まで響いた．この怒りの声が世界一危険な普天間基地の全面返還を揺るがすこととなる．

　日本復帰して43年．日米両政府は普天間基地の移設先を辺野古沿岸部と決定し，建設工事作業を強行している．しかし，県民のほとんどが「辺野古埋め立て，新基地建設反対」を訴え，新知事を誕生させた．安倍晋三首相は辺野古新基地反対の新知事を拒否，面談しない．日本政府の沖縄に対する姿勢は，復帰以前と何も変わっていない．

　戦後70年．日本で唯一地上戦が展開された沖縄戦．米軍上陸第一歩の地・慶良間諸島で忌わしい「集団自決(強制集団死)」があった．「強制集団死」を記録する契機は，渡嘉敷島の友人・米田英明さんから「母の兄も手榴弾を爆発させたひとり」と聞かされたからだった．

　戦争体験者は高齢者だが，渡嘉敷島，座間味島，慶留間島にまだ数多くいる．特に「強制集団死」を経験した人々は，人前で体験を語ることはない．自分自身の心に秘める．あの時のことを思い出す，と言って玉砕場を訪れることもない．島のサンゴ礁には大潮のときだけ，沖縄戦の砲弾の数々が顔を出す．戦争の傷痕を見つけるたびに，島の戦後は終わらない，と感じた．

　文部科学省は，沖縄戦における歴史的事実を高校歴史教科書から削除した．復帰後最大動員の11万6000人の県民が参加した「検定問題を糾弾する大会」も空から見た．県民大会を開催するたびに「ガンバロウ」は大きくなる．大勢の怒りの声が渦巻いていた．日本政府は，日本にとって都合の悪い沖縄の歴史さえも消し去ろうとする．日米両政府の沖縄に対する考え方の本質は，今も昔も変化がない．これからも，沖縄の出来事を記録し，あるべき真実を求めていきたい．

　末筆ながら，本書の解説を執筆してくださった三木健氏と，出版までに導いて下さった岩波書店の皆様に厚くお礼申しあげます．

　　　2015年2月26日

　　　　　　　　　　　　　　　　　　　　　　　　　　山城博明

山城博明

1949年生．沖縄県宮古島出身．報道カメラマン．沖縄大学在学中より，コザ騒動をはじめとする沖縄復帰闘争を撮影，発表．読売新聞社を経て，1985年琉球新報社に入社，同社写真映像部に長く勤務した．1991年および92年に九州写真記者協会賞受賞．著書に『報道カメラマンが見た復帰25年 沖縄』(琉球新報社)，『沖縄「集団自決」消せない傷痕』(高文研)など．ライフワークで沖縄・奄美の自然などの撮影も続けている．

三木 健

1940年生．沖縄県石垣島出身．ジャーナリスト．1965年明治大学政経学部卒業，同年琉球新報社に入社．編集局長などを経て取締役副社長を務め，2006年退職．石垣市史編集委員会委員長．著書に『ドキュメント 沖縄返還交渉』(日本経済評論社)，『八重山近代民衆史』(三一書房)など．

抗う島のシュプレヒコール──OKINAWAのフェンスから

2015年3月27日 第1刷発行

著者　山城博明（やましろひろあき）

発行者　岡本　厚

発行所　株式会社 岩波書店
〒101-8002 東京都千代田区一ツ橋2-5-5
電話案内 03-5210-4000
http://www.iwanami.co.jp/

印刷・三秀舎　カバー・半七印刷　製本・三水舎

© Hiroaki Yamashiro 2015
ISBN 978-4-00-061035-3　Printed in Japan

Ⓡ〈日本複製権センター委託出版物〉　本書を無断で複写複製(コピー)することは，著作権法上の例外を除き，禁じられています．本書をコピーされる場合は，事前に日本複製権センター(JRRC)の許諾を受けてください．
JRRC Tel 03-3401-2382　http://www.jrrc.or.jp/　E-mail jrrc_info@jrrc.or.jp

|  |  |  |
|---|---|---|
| 沖縄の自立と日本 ——「復帰」40年の問いかけ—— | 大田昌秀／新川明／稲嶺惠一／新崎盛暉 | 四六判 232頁 本体2100円 |
| 普天間基地問題から何が見えてきたか | 宮本憲一／西谷修／遠藤誠治 編 | B6判 182頁 本体1600円 |
| 日米密約 裁かれない米兵犯罪 | 布施祐仁 | B6判 190頁 本体1500円 |
| 決定版 機密を開示せよ ——裁かれる沖縄密約—— | 西山太吉 | B6判 222頁 本体1700円 |
| ドキュメント 沖縄経済処分 ——密約とドル回収—— | 軽部謙介 | 四六判 268頁 本体2500円 |

——— 岩波書店刊 ———

定価は表示価格に消費税が加算されます
2015年3月現在